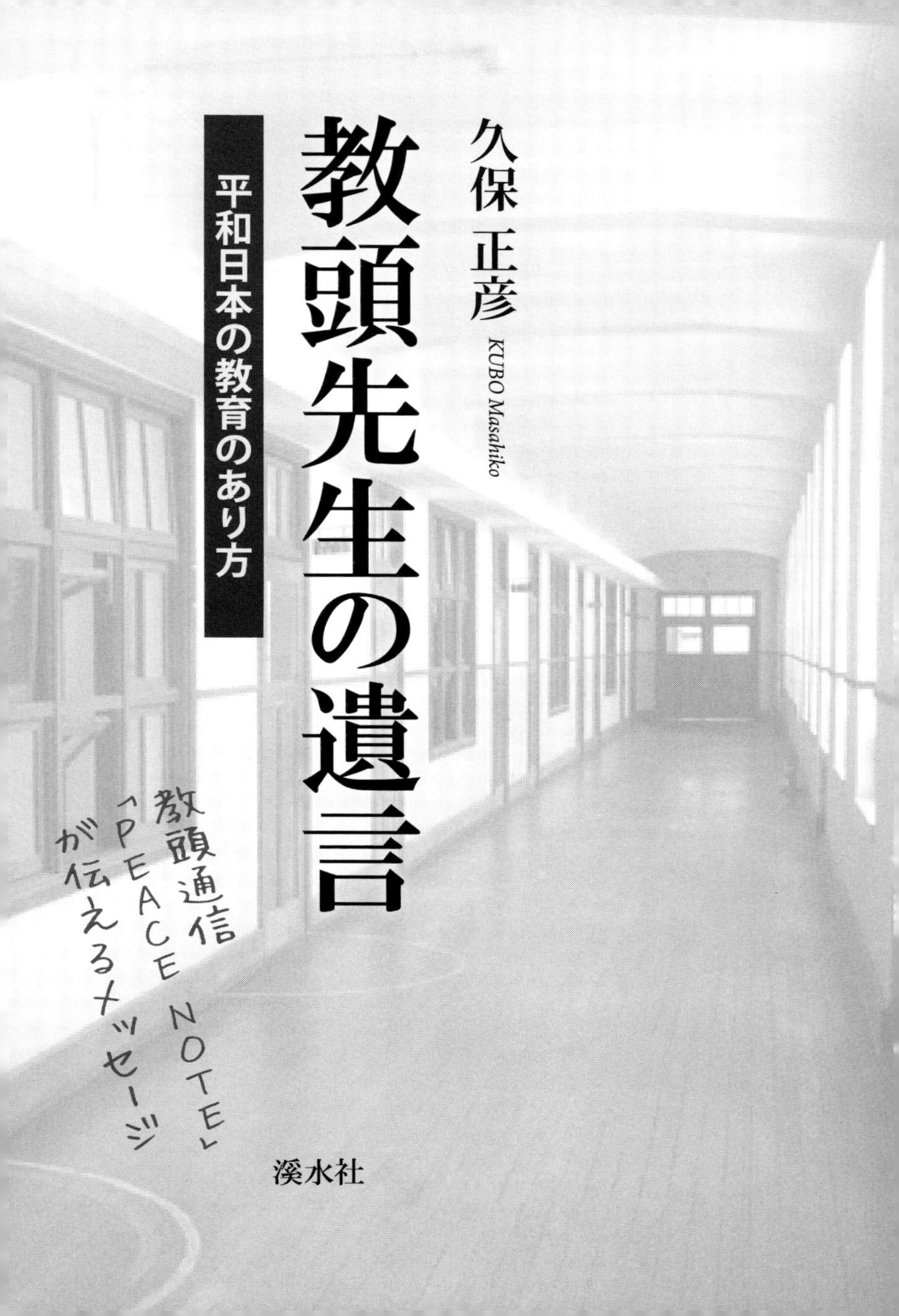

教頭先生の遺言

平和日本の教育のあり方

教頭通信「PEACE NOTE」が伝えるメッセージ

久保 正彦
KUBO Masahiko

溪水社

まえがき

この本を手に取られた方は、教育や平和に関心をお持ちの方だと思います。ところで、あなたは、今の日本の教育をどのように評価されますか。

世界標準の学力テストの結果が、最高水準にあるから最高の教育になっていると評価する人もいらっしゃるでしょう。日本では、希望すればだれでも高等教育を受けることができるから教育システムがすばらしいと言われる方もおられるでしょう。一方、学力低下が危惧されて久しいではないか、校内暴力や不登校は減っていないし、閉塞感が強いから問題が多いという意見もあるでしょう。

外国との比較や過去との比較のデータからすれば、どちらも正しいのだと思います。見方によっては、正反対の評価だってありうるのです。しかし、これではこれからの教育のあり方を考えるのは難しくなります。

数年前になりますが、教育界で「民間企業に学べ」と盛んに言われた時期があります。お客様への接遇や時間管理、稟議・決裁方法など厳しい民間の実状を見習い、組織運営に生かしなさいということだったと思います。研修もずいぶん行われました。そのころ、ＰＴＡの会合で保護者の一人に

「民間は、厳しいんでしょうね。学校も現実を見据えた教育が求められています。」

と話しかけると、

「教育の世界くらい理想を求めたらいいんじゃないですか。」

と言われ、なるほど教育関係者でなくてもこういう考えをもっておられる方もあるのだと感心しました。そして、昔のことを思い出しました。

私は、大学を出て建設機械の販売会社に就職していました。ある日、就業時間が終わって営業の人たちがテレビのニュースを見ていました。そのニュースで、長崎で集中豪雨があり、被害が出ていると伝えていました。その映像を見て、営業部長が、

「よっしゃ。」

と、握った両手の拳を顔の横に挙げ、前後に一振りして、満面の笑みを浮かべたのです。洪水や土砂崩れが起きると建設機械が売れるのです。企業には、利益追求という原理が働いています。人間性にもよるのだとは思いますが、人の不幸を踏み台にして

でも利益を求めるのが民間企業です。

ですから、何も彼も企業に習えばいいということではなく、企業の良いところは見習い、教育が理想とするところは、それを追究するということが大切なのだと思いました。これからの教育のあり方を見つけるには、その時々の流行の要求に振り回されることなく未来の教育のあるべき姿を想定し、過去の歩みを振り返りながら現在の教育の立ち位置を確認し、これからどうしたらいいかという現実的方法を考えることが必要になります。

では、日本における教育のあるべき姿とはどういうものなのでしょうか。

私の結論は、「新しい平和教育」ということになります。

私は、そろそろ教職の終末を意識し始めた五五歳頃から、かつて同僚だった友人や大学時代からの親友、そして我が親を次々と亡くしました。その事実を受けとめながら、私自身も教職から去り、人生の終焉を迎えなければならないことを実感したとき、一緒に教育活動をしている仲間に伝え残しておきたいことがあると思うようになりました。そこで、職員向けに書き始めたのが教頭通信「ＰＥＡＣＥ　ＮＯＴＥ」です。

「ＰＥＡＣＥ　ＮＯＴＥ」というタイトルにしたのは、できの悪い教員であった私が後輩教員に伝えることができるのは、平和教育に関することだけだからです。現在の日本の、そして広島の教育の中から平和教育が消え去ろうとしているように思え、危機感が募っていたからです。また、平和教育があるにしても、あまり進歩発展していないように思うのです。それが、心残りでなりません。

平和教育というとみなさんはどのようなイメージをおもちでしょうか。原爆、東京大空襲を始めとする各地の空襲、沖縄地上戦などの戦争の悲惨さを伝える教育や朝鮮半島の両国、中国、東南アジアの国々に対する加害についての教育でしょうか。または、現在行われている中東等の紛争に関する教育でしょうか。従来、このような内容の平和教育が行われてきました。

私が提唱する「新しい平和教育」は、従来の平和教育を否定するものではありませんが、それを含んだ広い意味での平和教育ということができます。それは、平和学を根拠とした平和教育です。平和を暴力の否定、あるいは最小化と考えます。そうすると、今までの平和教育で扱ってきた戦争や紛争も暴力であることには違いありませんが、今、私たちが生活しているこの場にもいろいろな暴力が存在することにも気づくことができます。そして、それを無くそうとしたり、最小化しようとしたりすることも平和教育になるのです。暴力には、目に見える暴力もあれば、目に見えない社会システムに起因する構造的暴力もあります。あなたの子どもも暴力の被害者になっています。これを無くすことが教師やそれを含む大人の使命です。そして、あなた自身も構造的暴力の中にいると言えるかもしれません。あなたがもし教師であってこれらのことに気づけば、教育に対する構えも指導法も変わってくると思います。教師であれば、自分が教えている教え方が平和的かどうかということも自問しなければならなくなると思います。

さて、この本の内容の№1から№36までは、私が以前教頭として勤務していた東広島市立吉川小学校で職員に「教頭通信　ＰＥＡＣＥ　ＮＯＴＥ」と題して配布したものです。平和の視点を常にもちながら、日頃の学校生活で気づいたことを徒然に書きました。先生方は忙しいですから休憩時間にちょっと職員室に帰った時でも簡単に読み切れるようにＡ４一枚を基本にしました。その後、続きを書くことができませんでしたが、退職後、新しい平和教育の理論部分（Ⅱの後半）と社会科と平和教育の関係の部分（Ⅲ）を書き足して教員に限らず、できるだけ多くの方々に読んでいただきたいと考え出版した次第です。

被爆七〇周年が近づいてきています。被爆者も次第に少なくなり、被爆体験の継承の問題も限界ギリギリのところまできています。核廃絶に向けた取組も大切です。新聞やテレビを始めとする報道機関は、これらの問題を取り上げると思います。しかし、平和教育について取り上げることがあるでしょうか。戦後の平和教育の成果はどのようなものだったのか。現在の平和教育が学校教育の中でどのような位置づけになっているのか。いろいろな角度から分析し発信してもらいたいと考えます。

しかし、教育関係者自らが、今までの平和教育を客観的に見直し、平和学に基づいた新しい平和教育を目指した教育に取り組まない限り、日本の平和教育は衰退し、消えていくことになると思います。この問題に率先して取り組めるのは、やはり広島や長崎の教育関係者ではないでしょうか。広島、長崎から新しい平和教育の理論と実践を発信していこうではありませんか。

私は、新しい平和教育のあり方が、平和日本のこれからの教育のあり方になると確信しています。

新しい平和教育は、今の教育を平和的に行う教育になります。

新しい平和教育は、見える暴力にも見えない暴力にも気づき、無くそうとする教育です。

新しい平和教育は、一人ひとりの児童・生徒の成長を最大限に伸ばす教育です。

新しい平和教育は、自主自立の教育です。

新しい平和教育は、学びの楽しさを実感できる教育です。

新しい平和教育を実践すると、閉塞感から脱却できます。

新しい平和教育を実践すると、教育活動がより充実します。

新しい平和教育を実践すると、教育活動が楽しくなります。

さあ、新しい平和教育とはどのようなものか、この本をお読みになればご理解いただけると思います。そして、教師のみなさんには、少しでも実践に生かしていただけたら幸いです。

目次

Ⅲ　平和教育と社会科

教頭先生の遺言

平和日本の教育のあり方

I　平和教育の視点で日々の教育活動を見る

PEACE NOTE66 No.1

一年の計

（平成二二年一月五日）

あけまして、おめでとうございます。

「何がおめでたいんだ」ですって？ 私も、そんなことを考えたことがありますが、この歳になると、新年を迎えることができたというだけでおめでたいんだと思えるようになってきました。

一二月三一日と一月一日の間に何があったのかと聞かれると、何もありません。何が変わったのかと聞かれても、大きく変わることはありません。時間の区切りは、人間が作ったものです。太陽の動きから人間が「ここで区切ろう」と決めただけのことなのです。時間の発明です。しかし、そのことが人間を進化、発展させる原動力となったのです。区切りがあるから「ここまでで終わりだからがんばろう。」という気になったり「新たな気持ちで出発しよう。」という気持ちになったり、反省して、「今年はこんな工夫や改善をするぞ。」と前向きに計画を立てたりするようになるわけです。

そういった意味で、「一年の計は元旦にあり」と言われるのだと思います。

みなさんは、一年の抱負をたてましたか？　七日の朝、子どもたちが教室に入って黒板を見た時「よし、今年もがんばろう。」という気持ちになるような一言を書いておこうと考えましたか。区切りの大切さを日々伝える必要があります。新年最初の日は、いい機会だと思います。ぜひ、子どもたちに贈る言葉を板書してください。

私の今年の抱負は、この教頭通信を出すことです。教師になってから、学級通信は出しましたが、子どものノートを写したり、行事やでき事の報告だったり、予定表だったりがほとんどでした。自分の教育理念や方針を保護者に真剣に伝えたいと常に思ってはいたのですがなかなかできませんでした。自信が無かったのかもしれません。自分の考えを表現して問い、反応から学ぶということは大切です。しかし、なかなか難しいことでもあります。子どもたちに、表現力を要求するにしては、自分はどうなのかと反省せざるを得ません。そんな反省から、先生方に向けて教頭通信を出すことにしました。

ところで、時間の区切りを実感するには儀式が必要なようです。大晦日の「紅白歌合戦」を見るのも「除夜の鐘」を聞くのも「初詣」に行くのも時間の区切りを実感するための儀式なのだと思います。みなさんは、どんな儀式をしましたか。私は、宮島に初詣に行ってきました。私は、子どものころからこのような儀式の無い家庭に育ちましたので縁の無いことだったのですが、妻に誘われて何年か前からお参りしています。宮島厳島神社への宗教心は特に無いのですが……。次回は、私の今年の初詣についてお話しすることにしましょう。

PEACE NOTE 66 No.2

安芸の宮島へ初詣

（平成二三年一月七日）

厳島神社の社殿は、まるで吹きっ晒しで冷たい風が遠慮なく通り過ぎていきます。その冷たさゆえに凛とした雰囲気が張り詰めています。「……かしこみ、かしこみ……」という祝詞の声や古びて重い太鼓の音を聞いているうちに、回廊の雑踏も、投げ込まれる賽銭の音も神様を呼ぶ鈴の音も聞こえなくなっているのは不思議です。参拝者の座っている位置から鏡や御幣が置かれている位置まで約一五メートルでしょうか。この空間のかもし出す雰囲気の妙かもしれません。

さて、今回の初詣に対する私の思いは、今までとちょっと違っていました。違いのきっかけとなったのは、年末のU先生との会話にあります。

「教頭先生は、初詣には行かないんですか？」

「行くよ。毎年宮島に行きよるよ。」

「初詣は、あまりあちこち行かない方がいいみたいですよ。あちこちいっぱい初詣をした年にアキレス腱を切るし、ろくなことがありませんでした。」

「そりゃあ、大変だったねえ。」

「ところで、宮島の社殿が海の上にあるのはどうしてか知っていますか?」

「……」

「弘法大師が開いた霊山ということで、畏れ多いので清盛が海の上に建てたそうです。」

「それは、ちょっと違うかも知れんね。厳島神社は、清盛以前からあったし、神話の時代からあったはずだからね。それと、厳島神社のご神体は宮島そのものだから、ご神体の上に社殿を造らなかったということじゃないの。」

しかし、私の答えもいい加減なものです。清盛以前の厳島神社が海の上にあったかどうかは知らないのですから。そこで、今年の初詣で、できるだけ調べてみようという目的をもった初詣になったわけです。

回廊の雑踏を潜り抜けて、「今年は歴史民俗資料館に行ってみよう。」と妻に告げて、出口から西に曲がり、人通りの少ない道を歴史民俗資料館に向かいました。

元旦だというのに資料館は、開館していました。受付で早速、清盛以前の社殿は、陸にあったのか、海にあったのか聞いてみました。

「創建のときから海にありました。」

という答えを聞いて、間違っていなかったと、ちょっと安心し、「宮島」という小冊子を求めました。その冊子にはこのように書かれています。


「太古の時代から原始林におおわれた弥山を主峰とするこの島の山容には霊気が感じられ、そのため島そのものが神として信仰されてきましたが、社殿の創建は推古天皇即位元年（五九三）に佐伯鞍職によると伝えられています。

社殿の敷地を州浜に求めたのも、島そのものを神と見たためと思われます。

……」


この歴史民俗資料館には、十数年前に安芸郡小学校教育研究所社会科部会の夏季研修で来たことがあるのですが内容がかなり変わっていました。宮島の歴史だけでなく、宮島彫りなどの工芸品ができたわけや管絃祭の様子、宮島競艇につながるギャンブルの流れなどもわかります。

資料館は、旧江上家という商家を使っています。中庭にはゴッホが描くような大きなカイズカイブキが立ち、池には丸々と太った鯉が石橋の下で並んで寒さを凌いでいます。庭を見るのも一興。一度行ってみてください。お勧めします。

PEACE NOTE 66 No. 3

新年のスタートはラストのスタート

（平成二二年一月八日）

後期の後半がいよいよ始まりました。学級の新年のスタートは、うまく切れましたか。「よし、やるぞ。」という気持ちをもたせたいものです。

二学期制と三学期制の違いを感じます。三学期制では、新年のスタートと三学期のスタートが一緒なので改まった気持ちになり易いのかなと思います。二学期制だと二学期の続きがまた始まっただけという感じがしてしまいます。

お話朝会での校長先生のお話の中で、校長先生が子どもたちに聞かれました。

「今年は、何年ですか。」……これは、ほとんどの子どもたちが知っていました。

「初詣に行った人。」……半分くらいだったでしょうか。

「今年、頑張るぞということを決めた人。」……手が挙がった児童が四人でした。

「一年の計は元旦にあり」なんていう言葉は、死語になってしまったのでしょうか。しかし、その場で発表した三人の新年の抱負は、その子らしさが素直に出ていて良かったですね。ＮＭさんの「読書」。Ｆさんの「仲良く」「算数」。ＮＨさんの「早寝、早起き」自分のことが良くわかっているなと思いました。

学級ではそれぞれ「今年のめあて」を書かされたようですね。学校で言わないと消えていくものなのでしょうか。

「書初め」も新年を迎える儀式の一つでしょう。子どもたちの真剣な表情が印象的でした。低学年は、時間を融通してもいいのではないでしょうか。集中力が長くもたないで苦労している子がいたように思います。また、「書初め大会」にして賞状を出し、優劣をつけるというのはどんなものかと考えてしまいました。書初めは、気分を新たにすることのみを目標にすればいいのではないでしょうか。そうすれば、みんなが同じ題の文字を書かず、自分の好きな言葉を書で表現することもできるのではないでしょうか。賛否両論出してみてください。意見を闘わせることによって、目的や方法が明確になってきます。共通認識もできます。

話は変わりますが、掃除時間嬉しいことがありました。私が短い箒を持って玄関前

を掃いていると四年生のNさんがつかつかと寄ってきて、

「先生、この箒と換えましょうか。」

と言って長い柄の箒を差し出してくれました。腰をかがめて掃いている老人？　の姿を見るに見かねたのでしょう。

「Nさんは、優しいねえ。ありがとう。」

といって換えてもらいました。青少年赤十字は、行動目標を「気づき、考え、行動する」としています。本校は、青少年赤十字には加盟していませんが、私はこの「気づき、考え、行動する」はとても大事なことだと考えていました。特に、「気づく」ことが難しいのです。しかし、Nさんは、「気づき、考え、行動」してくれました。すばらしいと思います。

ところで、№1を出して早速反応がありました。有難うございます。

「通信の名前の66は、何ね。」と校長先生。K先生も同じ質問をしてくれました。

K先生とS先生の会話
「六六歳にはまだ早いし（早すぎます）……、どういう意味かね。」

「ピースだから、戦争が終わって六六年ということじゃないですか。」

鋭い！　中らずといえども、遠からず。謎解きは、ちょっと置いておきます。

PEACE NOTE 66 No. 4

成木責め

（平成二二年一月一四日）

昨日の朝会で話した「成木責め」について付け足しをします。

小正月の行事として行われていた「成木責め」は、柿のように実のなる木をこの時期にいじめる？　ものです。この行事について知ったのは、ずいぶん前のことになります。私の子どもが小さかった頃、「こどものとも」という毎月配本される絵本を買っていました。その絵本のシリーズの一つに確か「なりきぜめ」というそのままの題名の絵本があったと思います。その絵本には、成木責めの様子が描かれていただけだと思います(1)。

一方、植物の発芽期に刺激を与えることによって花をたくさんつけることができるという情報を得ました。このことについては、いつ、どこで、何から情報を得たのかよく覚えていません。しかし、葉になる部分と花になる部分は同じで、気温や肥料などの条件によってその部分から葉に成長したり、花に成長したりと別れていくのだということも書かれて？　いたような気がします。

これらの情報をつないで実をたくさんつけさせようとする「成木責め」も全く根拠のない行事ではないことを話したわけです。

さて、「成木責め」と似たようなことがらとして、どんなことを思い出しますか？　私がすぐに連想したのは、五年生の米の生産の学習です。この単元の学習問題の一つとして挙げられるのが「米は暑い地方で生まれた植物なのに、どうして日本の米の主要な生産地は、北海道や東北など寒い地方なのか？」です。

その答えを導き出すために、寒い地方の生産地と暖かい地方の生産地の年間気温や日照時間や気温の日格差を比較します。その結果、冬の条件は、大きく変わるけれど、夏の条件はそれほど大きな違いは無く、北海道や東北も米作りには適していることがわかります。また、日格差が大きいことがおいしい米の条件となり、結果として寒い

（1）　熊谷元一『二ほんのかきのき』福音館書店　二〇〇五。記憶ちがいでした。成木責めの様子だけでなく、甘柿と渋柿の二本の柿の木の一年について書かれていました。

地方のお米がおいしく、たくさんとれることがわかってくるのです。

その、日格差が大きいことがおいしいお米の条件となるというところが、成木責めと似ていると思いませんか。稲は、夜の寒さにあって身の危険を感じ、遺伝子を次代に繋ぐ種子である米にできるだけ多くの養分をためようとするのです。その結果、おいしいお米になるわけです。お米のおいしさは、品種によると思われるかもしれませんが、同じ品種でも生産地によって味が違い、値段も違います。「こしひかり」も、日格差の大きい魚沼産のコシヒカリに人気があるわけです。広島産でも東城のこしひかりは値段が高いのです。

このようなことは、植物ではよくあることです。どんな例があるか、考えてみてください。

PEACE NOTE 66 No.5

一・一七阪神・淡路大震災

（平成二二年一月一八日）

昨日は、一月一七日。一五年前の阪神・淡路大震災の日でした。本校では、八日に地震の場合の避難訓練を行い、その事前または事後指導で地震の恐ろしさについて扱われました。私が持ってきた震災当時の新聞を参考に指導していただき、資料を持ってきた甲斐がありました。実物を見せると臨場感が出てきます。「これが、そのときの新聞です。」と言って見せると、ずっと昔の、自分とは関係ない世界だったでき事が、身近になってくるものです。

さて、みなさんは阪神・淡路大震災の時のことを覚えていますか。私は、夜型人間なので、地震の時はまだ布団の中でした。横揺れを感じて目が覚め、どうなることかと固まっていました。すぐに落ち着いたのでほっとしながらも少し大きめの地震だったなあと思っていました。神戸付近の地震だと聞いて、「そんな遠くの地震を、あんなにはっきり感じるとは……。ずいぶんひどい地震だったんだなあ。」と思ったのを覚えています。

学校について、授業をし、大休憩には数十人の死亡者が出たと聞きました。給食時間にテレビをつけると約二〇〇人の死亡者と報道されていて、「これは、本当に大変なことになった。」と思いました。

次第にいろいろな映像が送られてきました。火災が出ていること。高速道路が倒れていること。ビルが倒れて交差点をふさいでいる様子。以前にロサンゼルスの地震で高速道路が倒れた時、「日本は、地震国なので建設基準が違う。だから日本で地震が起こっても大丈夫です。」という報道があったのを思い出しました。「あの報道は、いったい何だったのだろう。」と思いました。

日が経つにつれ、事態は一段と深刻になりました。救助活動がままならないこともありましたが、寒空の下で避難している人たちのテント生活や自動車で生活していた人たちのエコノミー症候群、避難所でのプライバシーの無い生活など大変な様子が伝わってきました。

私は、その二年前まで兵庫にいたので、知り合いの先生方のことが心配でした。そして、ボランティア活動に行く人は、職専免にするという通知が来た時、行こうかどうしようか迷いました。担任をしているのに子どもを置いていくことができるだろうか。三学期のこの時期、指導が遅れているが、どうする？　行ってお前に何ができる？　悶々としながら、結局、行くことは断念しました。

例えば、以上のような自分の体験を語ってやることは大切なことだと思います。もし、あなたがその日のことを覚えていたならですが……。覚えていなかったら、新聞記事などを参考に語ってやったらどうでしょう。

私は、この震災から学んだことを子どもたちに伝えるにあたって、被災の体験の継承だけでなく、他にも伝えるべきことがあると思っています。次回は、そのことについてお話しすることにしましょう。

PEACE NOTE 66 No.6

極限状態で発揮される人間性

（平成二二年一月二〇日）

地震の恐ろしさを伝え、避難訓練で対処の仕方を学習することは大切です。しかし、それ以外にも子どもたちに伝える価値のあることがあります。阪神・淡路大震災では、多くの人々の援助する姿や協力する姿が見られました。神戸の街の人同士の協力や日本中からの援助、海外からの援助もありました。大変な時にこそ助け合いの有難さが身にしみるのだと思います。また、献身的な働きが、人々の生命を救うだけでなく、心を救うことになります。そして、そのことを知った人の心を打ち、その人が自分の生き方を考える材料になるのだと思います。

私の保存していた新聞の中に、広島大学の支援の記事がありました。広島大学は、ボランティアで支援に参加した学生を出席扱いにしました。また、生物生産学部の練習船を学生や支援物資の運搬に使いました。陸の交通が混乱していたので、船は、大変役に立ったようです。広大も早い段階ですばらしい決断をしたと思います。

また、道徳の副読本に、新聞記者のお父さんが、我が家のことを二の次にして、震災の実情を報道するために奔走する話がありました。（今もあるのでしょうか。）責任感という徳目以上に突き動かされるものがあったのだと思います。新聞に関連して、神戸新聞は、壊滅的な状態になりましたが、印刷を京都新聞に依頼して震災三日後に新聞を発行しています。京都新聞もすばらしい援助をしたと思います。

このように、極限状態で発揮される人間性については、ヒロシマが大先輩です。大野允子さんの「かあさんのうた」だったでしょうか、原爆の後大きなくすの木の下に避難した女学生と子どもの話があります。自分も被爆した地獄の中で、天使のように優しい気持ちをもち続けた女学生を描くことで、ヒロシマの心の優しさや強さ伝えたかったのだろうと思います。

阪神・淡路大震災の時にも、大野允子さんの表そうとしたヒロシマの心と同じような、人として大切にしたい心が発揮されたことも伝えたいと思います。

もう一つ。先日のＮＨＫの報道で「地震との闘いは、忘却との闘いである。」と言っていました。地震の周期は、何十年、何百年単位です。地震の後すぐは、いろいろと対策をするのですが、そのうち忘れてしまい、対策がおろそかにされる傾向があります。阪神・淡路大震災や芸予地震の後、家具や電気製品を固定したり、動きにくくしたりしたものですが、今はどうでしょう。対策は対策として無駄と思わず、継続する必要があります。

世界のあちらこちらで地震が起こっています。最近ではハイチで地震がありました。子どもたちに情報を提供して少しでも心を寄せることのできる子どもを育てたいと思います。

時機に合わせた話題を、と思って地震のことを書き出しましたが、あっという間に時機外れになってしまいました。話題を元に戻したいと思います。

PEACE NOTE66 No.7

アンテナの感度をよくして教材化

（平成二二年一月二二日）

さて、話を少し戻します。

No.2で宮島についてお話ししましたが、「教頭先生は、社会科が好きなんですねえ。」で終わってはいけません。社会科が好きな先生は、教材化できないかと考えます。宮島を教材化するとしたらどこで（何年生のどの単元で）扱う可能性があるでしょう。

それを考えるにはまず、どの学年にどんな単元があるか知っておく必要があります。社会科が好きでなくても知っておくことは大切です。

三・四年　地域の様子　地域の生産と販売　地域の生活の変化　発展に尽くした先人

資源（ごみと水を扱うことが多い）、災害や事故防止（消防署と警察署を扱うこ

とが多い）　広島県と都道府県　県の地形・産業・交通　県内の特色ある地域　国内の他地域・外国との関わり

五年　国土（大陸と海洋、国の名称と位置　地形・気候と特色ある地域の人々の生活）公害　国土保全　農業と水産業　工業　情報産業

六年　日本の歴史　政治　世界の中の日本の役割　世界の国々　国際交流と国際連合

平成二〇年版学習指導要領を要約すると、だいたいこんな内容です。

まず、思いつくのは六年生の歴史学習で取り上げることでしょう。

1　飛鳥時代　推古天皇元年に厳島神社が創建された。聖徳太子の学習の時エピソードとして使える。

2　平安時代　初期　弘法大師（空海）が宮島を修業の場としたと言われている。末期　平清盛が安芸の国主となり、厳島神社を現在残っているような形にした。寝殿造りを学習する時広島に寝殿造りの建物が現存しており、そのような形にしたのは清盛であることを知らせることができ

る。

3　室町時代　五重塔が建てられる。（宮島の五重塔は和様と唐様の折衷様式が特徴）

4（戦国時代）毛利元就と陶晴賢との厳島合戦があった。東広島のあたりを支配していた平賀氏と毛利氏との関係や毛利氏と陶氏の戦いを通して戦国時代を学習することができる。

5　安土・桃山時代　豊臣秀吉が千畳閣を建てる。（未完成）

6　江戸時代　能舞台ができる。

宮島は、歴史の宝庫です。各時代の建物や遺物が国宝や重要文化財として残されています。六年生の学習では、どの時代でも、取り上げようと思えば取り上げることができます。もし、あなたが六年生の担任だったら、どこでどのように取り上げますか？

社会科の自主教材を作ろう

（平成二二年一月二五日）

次に思いつくのは、四年生で扱うことになるであろう「県内の特色ある地域」の一地域として取り上げることです。一般的に県内で三地域取り上げ、その内の一地域には伝統的な産業の盛んな地域を取り上げています。その三地域の一つとして「世界遺産、宮島」を取り上げたらどうかということです。

東広島市の副読本では、安芸太田町と呉市蒲刈・下蒲刈町それから西条の酒造りと熊野町の筆づくりが取り上げられているようです。「東広島では取り扱うところは決まっているんだから、他の地域のことなんか考えなくていいじゃないですか。」と思われるかもしれません。でも、そんなことじゃあ、いけません。常に「子どもにとってどこを取り上げることがもっとも適切か」を考えておく必要があります。そして、副読本に載っている地域と比較でき、教材にする価値のある地域を発掘しておく必要があります。「必要、必要ってうるさいんだよ。この忙しいのに新しく自主教材を作るなんて無理、無駄。」と言われそうですね。でも、自主制作教材で授業をすると、子どものノリが違いますよ。子どものノリの前に教師自身のノリが違うんですけどね。一度やってみてください。やみつきになりますよ。

新学習指導要領では「内容の取扱い」で「ウについては、自然環境、伝統や文化などの地域の資源を保護・活用している地域を取り上げること。その際、伝統的な工業などの地場産業の盛んな地域を含めること。」と記されています。

自然環境の活用については、日本三景としても有名な景観を観光に活用しているだけでなく、原生林の豊富な森林資源を利用してしゃもじやお盆などの木工製品を生産し、観光客に販売をしてきたことが挙げられます。伝統や文化については、平安時代から伝えられている文化があります。また、伝統的な工業として伝統工芸士さんがいる宮島彫りもあります。

学習指導要領に示されている内容やその取り扱いにぴったりだとは思いませんか。「これは、教材になる。」と思うとわくわくしてきます。そして、もう少し調べてみようということになります。

でも、一人で深い教材研究をするには、継続した意欲と時間が必要になります。そうするとつい後回しになり、できなかったということになります。そうならないためには、だれかに声をかけることです。声をかければ、資料や関連教材を教えてくれたり、貸してくれたりします。同じ学校の先生同士でもいいですし、サークルに所属するのも一つの方法です。人脈を作っておくことです。または、必要に応じて人脈を手繰り寄せることです。遠慮はいりません。とにかく「こんな授業をしたいんだけど。」と声を出すことです。

PEACE NOTE66 No.9

「死」と向き合う 1

（平成二二年二月二二日）

わが家の庭のしだれ梅が、花をつけました。薄いピンクの八重の花弁とエンジがかった濃いピンクのガクが薄いブルーの空に調和しています。さわやかで甘い香りが漂い、春が来たと感じさせてくれます。

父に「春になったら庭の花が見えるからね。」と言っていたのですが、父は梅の花が咲くのを待たず旅立ってしまいました。

父の死去に際しましては、みなさんにお参りいただき、感謝しております。九二歳という高齢であり、天寿を全うしたということでは喜ばしいことなので、できるだけみなさんにはご迷惑をかけまいとしたのですが、そうはいきませんでした。

校長先生をはじめ、みなさんが私や私の家族を応援してくださり、支えてくださっていることを実感することができました。ありがとうございました。

しかし、昨年末から「死」と向き合うことが続き、ボディーブローのように応えてきています。

一二月二六日に、安芸郡の社会科の仲間と忘年会をしているとき、前任校の校長先生から「I先生が、亡くなりました。」という連絡を受けました。I先生は、F小学校時代の同学年担任の同僚でした。理科の専門家でパソコンや統計処理にも強い先生でした。学校が理科の研究をしていたこともあり、教材提示の仕方、周到な準備、カードの使い方、ノート指導など教えられることばかりでした。そして、児童実態を統計処理して分析し、わかり易く伝えることを教えてくれました。なにより、静かな物言いの中に情熱が感じられたことが魅力でした。私が提案した企画を認めてくれ、喜んでくれた人でもあります。認めてもらうということは大人になっても嬉しいものです。彼は、職場を変わってからも会うたびに、気さくに本音で話のできる友人でした。

通夜の挨拶で、奥さんが「夢半ばで亡くなり、残念だと思います。」と言われました。彼が昨年四月に校長となり、赴任したばかりだったにもかかわらず病気によって休職を余儀なくされ、さらに、そのままこの世を去らなければならなくなり、目指す学校づくりができなかったということが心残りだったということなのでしょう。

忘年会の席上、M先生から「子どものことを考えて、教職員と教育論を闘わさなきゃ。」と言われたことと、I先生の死が重なって、自分に問いかけました。「お前の夢ってなんだったの?」「目指す教育って何?」「それを伝えようとしている?」と。表現の苦手な私ですが、まずは自分をさらけ出すことから始めようとしたのが、「教頭通信」の始まりです。

PEACE NOTE 66 No.10

「死」と向き合う　2

（平成二二年三月一五日）

こんなタイトルで書き始めたのはいいのですが、続きが書けないまま、三月も中旬になってしまいました。暗い話を続けるのも嫌なので、今回限りにします。

一月の初旬には、また父の食欲が無くなり、点滴を打たなければならない状態になりました。そして、入浴サービスを受けた時体調を崩し、酸素吸入、点滴を続けてしなければならなくなりました。介護施設には、看護師さんがいて点滴はしてもらえるのですが、点滴中ずっと付いていることもできないし、土曜日、日曜日はデイサービスを利用する人も多く手薄になるので、付き添ってもらえないかと言われました。「介護施設に介護に行くなんて。」と思いながらも行くようにしました。平日も、昼は妻が行き、夜は私が帰りに寄って二時間ばかり付き添うようになりました。これでは続かないと、一一月に父が入院した時に付き添ってくれたヘルパーさんにも付き添いをお願いしました。

土曜日には、ヘルパーさんに付き添ってもらっている間にU先生に教えてもらった病院や施設、広島市内にある施設などを回って、医療付きの介護施設を探しましたが、結局、どこも同じで、付き添いのようにずっと看護をしてもらうということは不可能なのだということがわかりました。

一月末の日曜日、施設で父に付き添っていると、私の友人から電話がかかってきました。いつもの調子で電話に出ると声が違います。友人の娘からでした。

「父が今日、亡くなりました。」「えっ！」

彼は、大学時代からの友人で、共に遊び、共に悩み、共に勉学し、お互いの結婚にも影響をし合った仲で、私にとっては、正に親友です。広島市内の高校の教員をしていましたが、昨年の春から鬱病にかかってしまっていました。

もっと、電話をかけて話さなければならなかったと今でも後悔しています。

それから二日後、教頭研修会の最中に施設から電話がかかり、父の様子がよくないと告げられ駆けつけました。医師の話では、そう長くはもたないだろうということ、施設からは、看取りの施設ではないので退去してほしいということをそれとなく告げられました。自宅に帰ることを決め、その日のうちに自宅に連れて帰りました。点滴や酸素吸入のことが気になっていたのですが、医師が訪問看護で対応すると言うので決断しました。

訪問看護師の仕事は、すばらしいものでした。私たちの帰宅と同時に三人で駆けつけ、一人は私たち家族に説明をし、一人は機械のセットなど環境づくりをし、一人は父に付き添って話しかけながら状況を把握して、てきぱきとしかも笑顔で対応してくれました。家族の不安を無くし、安心感を与えてくれるその働きぶりにプロフェッショナルを感じさせられました。

私たち教師も、子どもたちや保護者の不安をなくし、安心感を与える仕事ができているだろうかとふと反省させられたものです。

この日にも、もう一つの死に会いました。わが家から二〇メートルくらいしか離れていない、近所のおばさんが亡くなりました。娘が私と同級生の幼馴染ですから、私が赤ん坊のころからお世話になっていたおばさんです。

そして、五日には、とうとう父が息を引き取りました。

諸行無常とは、まさにその通りだとは思いますが、こんなに立て続けに私の知り合いをあの世に送り込まないでほしいと思うと同時に、私だって、いつ「さよなら」をしなければならないかわからないと痛感させられました。

私がY小学校に来て一年になろうとしています。今生の別れではないですが、もうすぐ仕事場での別れがきます。共に仕事のできることを喜びながら一日一日を大切にしたいと思います。

PEACE NOTE 66?

（平成二二年四月二五日）

四月からY小学校の仲間入りをされたみなさん。ようこそY小学校へおいでくださいました。「今頃何を言ってるんだ？　それに、なんだ、この紙きれは？」と思われたと思いますが、たった一枚の紙切れですから休憩時間にでもちょっと読んでやってください。今年の一月から、教頭になって初めて「教頭通信」なるものを出していきます。ただ、みなさんの役に立つものと言えるかどうかは別問題です。まずは、職員のみなさんと私とのコミュニケーションを図ろうとするものです。

さて、時機を捉えて通信を出そうとしたのですが、それは、大変困難でした。新しい年度が始まる時にお役に立てる情報を届けることができればよかったのですが、もう、今年度が始まって一カ月が経とうとしています。それどころではありません。この通信を出し始めて、最初に「PEACE NOTE66の66って何？」という質問があったにもかかわらず、そのうちにお伝えしますと言いながら未だに、まともに答えていません。三月末に本校を去られたみなさんには、答えずじまいという失礼をしてしまいました。

そこでまず、今回は【PEACE NOTE 66】というタイトルについてお話ししておきます。「PEACE NOTE66の「66」は「核時代66年」を表しています。私自身、この年号？ を使ったことはないですが、ある人が毎年くれる年賀状に記している年号を思い出して使わせていただくことにしました。原爆が地球上で初めて広島と長崎に使われたのが一九四五（昭和二〇）年で、この年を核時代元年とした年の数え方が核時代〇〇年です。広島の平和記念公園にある平和の火と同じように、核兵器が廃絶されるとともに消えていくものかもしれません。

核時代年号で年賀状をくれる「ある人」というのは、現在は修道大学の名誉教授となっておられる岡本三夫先生です。岡本先生は、日本に平和学を紹介し、もち込んだ日本の平和学の先駆者で、日本平和学会の会長もされた方です。

みなさんは、平和学という学問の存在をご存じでしょうか。私は、平和学が今の教育に大変重要な意味をもつと考えています。

平和を否定する人は少ないと思います。公には無いと思います。しかし、その平和の捉え方は様々です。平和のために戦争をしなければならないという矛盾した考え方は、過去にもあったことです。（いや最近でもノーベル平和賞を与えられたオバマ大統領も似たようなことを言っていたような気がします。）そんなわけで、多くの哲学者や思想家が平和の定義をしようとしましたが、学問として、だれにでも納得のできる定義にはならなかったのです。一九六〇年代ノルウェー・オスロ大学のヨハン・ガルトゥングが画期的な定義を打ち立て、平和学が一気に広がり、学問としての地位も確立しました。(2)

平和学の講義を突然されても、困りますよね。とにかく、まずは、今年が核時代六六年ということと教育そのものが平和的でなくてはならないという私の思いから【PEACE NOTE 66】というタイトルを付けているということをお伝えしておきます。内容については、そのうち……?

PEACE NOTE 66 No.12

野外活動記録 1

（平成二二年六月二二日）

「もうだめ。」「もう限界。」「後何分ですか。」

子どもたちの弱音が聞こえてきます。ぼちぼち遅れてくる子もいます。

「頑張れ！」「元気出して！」

友達に声をかける子どもがいます。その声が、後ろに伝わっていきます。

野外活動第一日目「安芸の小富士登山」標高二七八メートル

児童一九名、教師四名全員登頂しました。早くから「もうだめ」と言っていたU君も、いつも笑顔でおしゃべりなのにこの時ばかりは真顔で無口になっていたK君も、

（2）平和学の成立については、岡本三夫「平和学とは何か」、吉田康彦編著『21世紀の平和学』明石書店 二〇〇四 参照。

小食で体力の無さそうなKさんも、自然の家の敷地を出たころから「ハア、ハア」と荒い息をしていたHさんも友達の励ましの声で登りきることができたのです。子どもたちの励まし合う姿に感動しました。思わず山頂で万歳三唱をしてしまいました。

下山は、二つのコースに分かれることにしました。一つは「サバイバルコース」、もう一つは、「来た道を帰るコース」です。

数年前まで、安芸の小富士から下山するコースに「けもの道くだり」というのがありました。このコースは、ロープを使って降りていかなければならない急な道で当時の子どもたちに人気があったのです。下見の時、「復活しました。」と聞いて是非子どもたちを連れていきたいと考えていました。ところが、当日さあ出発という時、「下山は、けもの道下りをします。」と伝えると、けもの道下りは通れなくて、新たに真北の方向に降りる「サバイバルコース」を開いたんですと言われ、地図をもらいました。

以前、通ったことのある「けもの道くだり」は経験もあり、全員連れて下りる自信があるのですが、一度も通ったことのない道で、しかも北側に下りると海岸に出てからの道のりも遠くなってしまいます。

そこで、体力に自信があって難しいルートに挑戦したい者と来た道をゆっくりと帰りたい者とに分かれることにしたのです。その結果、サバイバルコースが八名、来た道コースが一一名となりました。この時の子どもたちのコースを選ぶ様子が興味深いものでした。登ってきた経験から、体力に自信がないから来た道コースを選ぶ子あり、体力はあるけどさっさと来た道コースを選ぶ子あり、体力はないけどサバイバルコースに行きたいという子あり、体力もあり挑戦もしたいという希望の子ありです。到底体力がもたないと思われるU君が「挑戦したい」と意欲を見せてくれたのは大変嬉しかったのですが「ほんとに大丈夫?」と二、三度聞いてやんわりとコースを変更してもらいました。

教師は、私とS先生とでサバイバルコースを行くことにしました。

サバイバルコースの入り口には、はっきりと「下山口」の看板があり、そこから下山を開始しました。木を切って開いた道が三～四〇〇メートル続いて、そこからぱったり道らしきものが無くなりました。どうも道を間違えたようです。北に向かっているはずの道が見つからず、西へ西へと下りてきました。しかし、海岸線は見えているし、フェリーの汽笛もすぐ近くで聞こえるので、そのまま真っすぐ下れば似島港の近くに出ると判断し、強行突破することにしました。

手入れをしてない林は、細い幹の雑木が狭い間隔で無造作に乱立し、サルトリイバラやノイバラのとげが行く手を阻みます。二～三メートル幅の平坦な所があり、一メートル位の崖になっていて、また二～三メートル幅の平坦な所があります。昔の段々畑の跡だと思われますが、畑を登り降りしたであろう道の跡は一向に見つかりません。一メートルの崖を下りるたびにS君がひっくり返ります。でも、S君は全く弱音を吐かないどころか、目を輝かせています。でも、雑木林の中に突入してからは、遠くの景色も見えず、四方が同じような光景で、しかも薄暗く不安を掻き立てるのに十分です。体力以上にやる気を出してサバイバルコースに来たUさんが、少し遅れてきましたが、友達やS先生に声をかけられながら、懸命についてきます。

崩れかけたミカン小屋があります。ミカン小屋があるということは、道もあるはずだと思うのですが、見つかりません。もう、長い間捨て去られたミカン畑の跡であり、ミカン小屋なのでしょう。ミカンの木など跡形もありません。

行く手が篠竹の密生した林に阻まれました。谷を下りてきたために、両側は急な崖で登ることができません。竹林の向こうが明るくなっていたので、ここも強行突破することにしました。竹の間に無理やり体をこじ入れ、細い竹を踏んづけて踏んづけて進むと明るい所に出ました。そうして、しばらくして、やっと本物のミカンの木が見えました。

ミカン畑を通り抜けて、現在使われているミカン小屋のそばを通ると、おばあさんがみかんを取り出す作業をしていました。「こんにちは」と声をかけると、あらぬ方向から突然現れた一団に唖然とした様子。びっくりさせてごめんなさい。

「やったー。出た。」

だれからともなく喜びの声が飛び出してきました。みんな嬉しそうな顔です。

なんと、そこから似島港を通って峠を越えて帰ったのですが、足取りの軽いこと。子どもたちの強さを感じることができました。

残念ながら、来た道コースの子どもたちの様子はよくわかりませんが、登りでは気づかなかったことに気づくことができたようです。余裕も必要ですね。

臨海少年自然の家に帰って、しばらく休んで、ローボートの事前学習をし、入浴をして、夕食をとり、キャンプファイヤーです。

一九時。まだ明るく、ファイヤー開始を一九時三〇分に延期。薄暗くなったファイヤー場。周りを囲む丘の西側が赤みを帯びて明るくなり、火の神の役のS君が、燃え盛るトーチを持って丘の向こう側からかっこよく登場。体を巻くように着せられた白の衣装と赤帽と白いあごひもがトーチの光に照らし出されていました。点火。炎が勢いよく燃え上がりキャンプファイヤーの始まりです。

二部では、Sエールマスターが、声をからしてリードし、H先生、N先生がいろいろな出し物で盛りあげ、歌と踊りの渦になりました。

三部では、静かにファイヤーが閉じられ、一日の感想や思いが発表されました。

「サバイバルコースが本当のサバイバルになって帰れてよかったです。」

「○○さんや□□さんが、声をかけてくれて山を登りきることができて嬉しかったです。」

特に、友達に励まされたことに関する感想が多かったのには感心させられました。

二二時には、どの部屋も静かになり、一日が終わっていきました。

PEACE NOTE66 No.13

野外活動記録 2

（平成二一年六月二四日）

野外活動二日目の朝は暗く、低く垂れこめた雲から「五月雨」が間断なく降り続いています。予報通りの雨。「この雨の中でローボートをさせるのは酷かな。」「経験の豊富な自然の家の人に判断を仰ぐしかないか。」「ローボートができなかったら……」担任の先生たちもいろいろな可能性を考えていたと思います。昨年、どうしても目が覚めなかったH君も定刻には起きて、友達と協力してシーツをたたんでいます。朝の予定はちょっと忙しく、研修室での朝の会の開始は、ぎりぎりセーフ。朝の会の間に宿直の職員に天気予報を調べてもらったり、注意報を確認してもらったりしましたが、担当者が来ないとはっきりしたことは言えないという雰囲気。

八時に朝食が始まり、そろそろ今日の予定を子どもたちにも伝えたいと思い、いらいらしながら職員のみなさんが出勤してくるのを待ちました。

八時二〇分、担当のY先生が生活棟まで来てくれました。そこで告げられたのは、ローボートをするのに雨は問題ないが、雷注意報が出ているのでできない、お金はかかるが、カヌーが可能であるということでした。協議の結果、カヌーを体験させることに決定。校長先生に報告しました。

九時三〇分からカヌー体験が始まりました。

子どもたちは、全くの未経験者ですから、道具の名前や使い方から教えてもらいました。水をかくのは「サドル」でも「ペダル」でもなく「パドル」だということ。パドルの水をかく面は、へこんだ方だということ。パドルを持った手の動かし方。最も難しいのは一人乗りカヌーへの乗り込み方。パドルにお尻を乗せて体重をかけ、固定してカヌーの方に移動して乗り込みます。

さあ、カヌー体験開始です。初めはおそるおそる乗って、思う方向に進めず岸にぶつかってばかりです。ずっと後ろ向きで進んでいる子もいます。最初は、二人乗りから始めたK君やU君も二度目からは一人乗りに挑戦。時間はかかりながらも一周してくることができました。K君は、自分の所属班でない班のカヌーに「次はぼく。」と伝え、やる気を出していました。「班がちがうよ。」と断られながら、自分の班のカヌーを探していました。随分コミュニケーションが取れるようになりましたね。

だんだん慣れてくると、スピードを出したくなったり、思うように曲がってみたくなったりします。その結果、ひっくり返ってしまうようです。S君がひっくり返り、続いて二人ひっくり返りました。

雨の中でしたが、一人残らず生き生きとした笑顔です。

アッという間に一時間半が経ち、カヌー体験を終了しました。

昼食をとって、掃除をして、退所式に臨みました。退所式では、入所式で注意したことがきちんとでき、その上に聞く態度ができていたのですばらしい活動になっていましたと褒められました。入所式で注意されたことは、なんと「挨拶をすること」と「トイレのスリッパをきちんと揃えること」だったのです。Y小学校の子どもたちには、当たり前のことだったかもしれませんが、どこに行っても大切なことは大切なんだと理解することもできたと思います。

月曜日、五年生の女の子に「野外活動は、疲れた?」と聞くと、「疲れましたよ。だって晩御飯も食べずに寝て、朝まで起きなかったんですから。」

PEACE NOTE 66 No. 14

野外活動から学ぶ 1

（平成二二年六月二八日）

「野外活動報告」を読まれて、どのように感じられましたか？

私は、登山は、大失敗だったと考えています。教育活動は、いきあたりばったりで結果オーライではだめです。今回は、たまたま、けが人や体調不良者が出なかったからいいものの、一人でもそのような子どもが出ていたら、どうしてそのような無謀なことをしたのかと責任を追及されてもおかしくありません。追及されなかったとしても、自分の中での後悔は免れないでしょう。

では、何が問題だったか。私は、やはり下見で歩いてみるべきだったと思います。下見の時、「けもの道下りが復活しました。」と聞いて、私の知っている当時の道が復活したのだと思い込んだのです。当日も、「下山口は、看板を出してありますから。」

という言葉で、わかり易いと勝手に思い込んだのです。この、思い込みが大変な問題に発展するわけです。自然の家の職員が同行しない活動については実際に下見で体験しておく必要があります。似島の場合は、どこにいても方角はだいたいわかりますが、山を歩く時は、地図と方位磁針ぐらいは携帯しておくべきだと思います。

ところで、野外活動は、何のためにするのでしょう。野外活動も修学旅行も教育活動ですから明確な目的や教師の願いがなくてはなりません。初めに野外活動があるのではなく、児童にとって野外活動が必要だからするのです。従って、学級経営案とのつながりが必要です。どんな学級にしたいのか、児童一人ひとりにどんな力を付けたいのか。そのために野外活動で何ができるのか。児童の実態を踏まえて、目的や活動内容、評価活動を行わなければなりません。本校のように、四年生と五年生が一緒に野外活動に行くことになっているのであれば（変更も可能だとは思いますが）四・五年両担任は、学級経営案を立てる際に野外活動への担任としての願いや目的を十分に話し合っておくべきです。

それから、どの時期にどこで実施するのかについては、現実的には前年度の担当者が提案して決めることになるのですから、現在の三年・四年生の担任が児童実態を考慮して担当者に伝えるべきでしょう。時期や場所を決める時、管理するのに都合がいいとか、教師が楽だからとか、この辺りなら時間的に余裕があるからというような理由を優先してはいけません。あくまでも、児童にとって最も効果的な時機と場所を選ばなければなりません。そういう意味からすれば、梅雨時に野外活動を実施するのはどうかと思います。似島臨海少年自然の家の場合は、ローボートにしてもカヌーにしても少々の雨なら実施できるという点はいいかもしれません。修学旅行と時期が近くても五月下旬から六月上旬でもいいのではないでしょうか。活動内容については、やはり目的を明確にし、その目的に向かって集中すべきだと思います。自主性を重んじたいのであれば、分刻みのスケジュールをこなすために追い立てるようではいけません。反対に、集団訓練が必要であれば、軍隊式が効果的でしょう。しかし、学校教育にはそぐわないと思います。もの言わぬ人を育てるのなら軍隊式がいいでしょうが、自らの考えを恐れず言う人を育てるのであれば、少々の失敗や逸脱は想定内に置いて、ある程度の余裕を与えて、友達同士声を掛け合って、自分たちの力でやり通すように仕向けなければなりません。活動内容としての登山は、いいと思います。苦しくても一人で引き返すわけにはいかないので、文句を言いつつ、弱音を吐きつつでもついてきて自分の精神的な弱さと体力の強さに気づくことができます。

PEACE NOTE66 №15

野外活動から学ぶ　2

（平成二二年七月二日）

評価活動はどうでしょう。野外活動の目的は達成することができましたか？　児童の成長をどんなところで見取ることができましたか？　その成果が、その後の学校生活のどんな場面で生かされていますか？

№11で「ご飯も食べずに寝て、朝まで起きなかった。」と言ったKさんは、笑顔で嬉しそうにそう答えたのです。きっとあんなに疲れた経験は初めてだったのでしょう。でも、それは、楽しかったのです。今まで経験したことも無いほど楽しく疲れさせたということは成果と言えるでしょう。

Hさんに「野活で一番印象に残っていることは？」と聞くと、「登山です。」と答えました。私から見ると、あなたの体力ならサバイバルコースに手を挙げても良かったんじゃないのと、思います。実力を過小評価しているのではないでしょうか。

野外活動も学習活動ですから、評価が必要です。「野外活動のしおり」に書かれていた「友達と協力する」や「自然を楽しみ、大切にする」などの目標が達成できたかどうかを聞いてみるのも一つの評価でしょう。「野外活動を通して、こんな自分になる」という個人目標を掲げていたのは良かったですね。この目標が達成できたかどうかを聞くのも一つの評価でしょう。

しかし、私は、学級経営案の一部としての評価を事前にしておくべきものだと考えます。

例えば、経営案に「表現力をのばす」という目標があり、それを野外活動の目標にも入れたとします。その目標をどのように評価するか、事前に計画に組み込みます。作文で評価するとします。一人ひとりに作文表現で付けたい力を考えます。ある子に詳しく書く力を付けたいのであれば、登山の途中で、見えるもの、聞こえる音、……など五感で感じることを確認するような声かけができます。ちょっとしたエピソードが思い出せるような写真を撮っておいて、作文を書く時に見ることができるようにしておくこともできます。野外活動の体験の中で表現力を伸ばす指導をしておけば、詳しく書くというその児童の目標は、達成できると思います。その一人ひとりの達成した目標の集合として「表現を伸ばす」という目標が達成できます。事後には、予想通りに書けたかどうかを確認するだけで評価ができるのです。

では、成果はどのように評価できるでしょうか。例えば、「協力する」という目標は、野外活動の中では登山や宿泊棟での生活場面などいろいろな場面で達成できたと思います。しかし、達成できたから良かっただけでは、もったいない気がします。

先日、三・四年生の水泳指導に参加しました。四年生が最後に泳力テストをしました。泳いでない子が、泳いでいる子を一生懸命応援しています。野外活動をしていようといまいとそうであるなら野外活動の成果には関係ありませんが、野外活動の中で、友達に声をかけることの大切さを学習して、それが水泳指導の中で現れたとしたら、これこそ野外活動の成果だと言えると思います。私たちは、事後に現れるこのような成果をしっかりと捉え、褒め、その成果が持続するようにしなければならないと思います。

野外活動を学校の単なるイベント、子どもたちの思い出づくりとするのではなく、貴重な体験的学習活動として扱い、指導案を書くぐらいのつもりで計画を立て、評価計画も立て、最も成果をあげることができる日時、場所を選んで実施すべきではないでしょうか。

「終わってから言わないで、前もって言っといてよ。」ですって？「ごめんなさい。」

PEACE NOTE66 No.16

以前プール開きで話したこと（子どもに希望をもたせる）

（平成二二年七月九日）

水泳指導、順調に進んでいるようですね。ちょっと遅れてしまいましたが、以前勤務していた学校のプール開きでこんな話をしました。

「みなさんは、どんな動物が泳げるか知っていますか。

イヌは、泳げますか。そうですね。犬かきっていうくらいですから、イヌは泳げます。

ネコは、泳げますか。そう。泳いでいるのを見た人がいるんですね。ネコも泳げます。

サルは、泳げますか。はい。泳げます。

クマは、泳げますか。はい。北極のシロクマなんかは、何百キロメートルも泳ぐそうですよ。

ウマは、泳げますか。やはり、泳げます。

ライオンは、どうでしょう。やはり泳げます。

イノシシも泳げます。海を泳いで島に渡ったと新聞に出たことがあります。

ゾウさんは、重いけど泳げるかなあ。ゾウの群れが、泳いで河を渡っているのをテレビでやっていました。ウサギも泳げます。へビは、手も足も無いのに泳げます。

動物は、ほとんど泳げるようですね。

では、どうして人間の中には泳げない人がいるのでしょう。

それはね、人間が賢いからなんです。人間は、溺れたらどうしよう、水の中では息ができない、鼻に水が入ったら痛い、など先のことを考えることができるからです。先のことを考えて怖くなると、身体に力が入って硬くなり、沈んでしまうので泳げないのです。

だから、怖さを乗り越えさえすれば、君も、君もみんな必ず泳げるんです。今、みなさんの中には泳げない人もいるでしょう。でも、心配はいりません。絶対に泳げるようになります。先生の言われることをよく聞いて、一つ一つ怖さを乗り越え、泳げるようになりましょう。」

当然、泳ぐ力を付けておくことが、自分の命を守ることになること、そうです命を守る学習なのだから真剣に取り組んで、ルールを守らなければならないことも話しましたけどね。

この話を紹介したのは、同じ話を子どもたちにしてほしいということではありません。何の指導でも同じですが、最初に子どもたちが希望をもてるような話をしてほしいのです。この話では、「だれでも必ず泳げるようになる」と話すことで、水泳の苦手な子どもになんとか希望をもって、頑張ろうという前向きな姿勢をもってほしかったわけです。もっと希望をもたせるのに適切な話があればその方がいいですよ。

この話の論理的トリックは、わかりますか？　何種類かの動物を挙げて、全て泳げますと言い、だから、人間もみんな泳げます、という帰納法的論理展開です。でも、多くの種類の動物が泳げるからといって全ての動物が泳げるということにはなりませんよね。人間は特別かもしれません。こんな、論理的トリックも高学年になると気づくようになるといいと思います。

とにかく、子どもが興味をもって聞き、希望や主体性がもてるような話をしたいものです。

PEACE NOTE66 No.17

水泳指導から（スモールステップの大切さ）

（平成二二年七月一六日）

水泳指導ご苦労様です。紫外線は気になるし、水に入ると身体がだるくなるし、午後の授業なんかになると子どももうつろになって気が乗らないし……大変だと思います。でも、一方では、一人ひとりの児童の成長がはっきりと見え、やりがいを感じることのできる指導でもあります。本校は、少人数なので一人当たりの入水時間も長いし、指導も細かくされているので学年の目標を達成できない児童はいないようですから安心です。でも、大きな学校になると、高学年になるまで水泳指導を受けていない児童やどうしても水に顔を浸けられない児童もいたりします。そんな児童への指導には、スモールステップの指導が大切です。他の教科の指導も一緒なんですがね。

以前、こんなことがありました。四年生のMさん。夏休みの水泳教室の時、なかなか顔を浸けることができません。やっと顔を浸けてもすぐに立ってしまうので、泳ぐことにはなりません。担任の先生が壁から三メートル位の所に立って「ここまで壁を蹴ってきてごらん。」と言うのですが、顔を浸けた瞬間に立ってしまいます。次の児童が待っているので、担任の先生もずっとついていることができず、手を取ってスーと一メートルくらい引っ張って、後は反対側まで歩くということが続いていました。担任の先生は、「去年まで体調が悪いと言っては、ほとんど水泳をしてないですよ。今年は、水に入ってくれているだけでも進歩なんです。」と言っています。

　小プールで一年生が指導を受けていたのですが、一段落したところで、その一年生の担任が高学年の指導を見ながら、「Ｍさん、こっちで指導したらどうですかね。」と私に声をかけました。私は、少し考えました。四年生のプライドもあるだろうし、一人だけ別メニューというのは、嫌ではないかなと思ったからです。Ｍさんの様子をしばらく見ましたが、同じことの繰り返しです。本人も困った顔をしていたので「Ｍさん、小プールで練習してみよう。」と声をかけると、素直に「うん。」と言ってくれました。一年生は、練習を終わっていたので、一年生の担任が顔を浸けるところから指導を始めてくれました。

「一秒できるかな。」から始まって二秒、三秒、五秒と伸び、その都度「できた。できた。」と喜びます。私も一緒になって「やったー。伸びた。伸びた。」と喜びます。ほんの三〇分位の指導で「蹴伸び」ができるようになりました。Mさんは、泳ぐ能力は十分に発達していたのに、なんらかの心の抵抗を乗り越えることができないでいたのだと思います。一年生の担任は、Mさんができることから出発して、一秒ずつというスモールステップで指導することによって、心の抵抗を乗り越えさせたのです。このように、成長することができるのに、できなくさせていたもの（Mさんの場合それが何なのかは分かりませんが）が「暴力」なのです。そして、その「暴力」を乗り越えさせる指導は、「平和教育」だと思います。「暴力」や「平和教育」はここでは唐突かもしれませんね。その説明は、そのうちお伝えします。

前年まで、水泳指導になると体調不良を訴えていたMさんは、その年、夏休みのプール開放に毎日のように見かけるようになりました。

「そういう指導をするのは、当たり前でしょう。」と言われるかもしれません。でも、学年全体で一斉指導をしていたのでは、できるようにはならなかったと思います。一人ひとりにどう向き合ってスモールステップで指導するかという指導法の工夫が大切です。そのためには、学年や学校全体での連携も重要になってくると思います。

PEACE NOTE 66 No.18

水泳指導も子どもの立場を大切に

（平成二一年七月二〇日）

ずっと以前、別の学校でこんなことがありました。

私は、水泳監視で監視台からある学級の水泳指導を見ていました。その学級の担任はベテランで、教育研究会では体育部に所属し、子どもを鍛えることで評判の人でした。

プールの上のスタート台の近くに立ち「はい、スタート。」「はい、次。」「はい、次。」とスタートさせていきます。「これが、鍛えるということか?」と心配になって休憩時間に聞きました。

「先生、プールの中に入って指導しないの?」

「えっ！　私が入るんですか?」

「それは、そうでしょ。手を取って指導してやらないといけない子もいるでしょう。」

「はあ。」

「○○君は、クロールのとき身体が伸びないで手をすぐ下にかくから、なかなか進まないでしょう。どうしたらいいか教えてやってよ。」

「そんなに言うのなら、教頭先生教えてやってください。」……

本当にあった会話とは思えないでしょう。でも、これを反面教師として考えましょう。


まず、教師が、プールに入るということについてです。水の状態がどうかということを指導者は、把握しておかなければなりません。水質検査をする時プールに入ると思いますが、水温を身体で感じておくべきです。注水口の近くと遠くでは温度差があります。また、水中で目を開けてみると塩素の影響や濁度もプールの上から見るより、よくわかります。特に、六月の水泳指導では、水温が低いことが多いので注意が必要です。痩せている児童は、寒さに弱いですから気をつけて児童の様子を見る必要があります。水深や排水口の水の流れも感じておくべきです。指導中もずっとプールの中に入っておくべきだ、とまでは言いませんが、泳いでいる児童を上から見て、指導すべき点を見つけたら、言葉で言い、それでもわからないようだったら、プールの中で手を取って指導することも必要になるでしょう。児童の立場に立って指導するから、児童との共感が生まれてくるのだと思います。

次に、指導者は指導しなきゃいけませんよね。「何回も泳がせれば、自分でできるようになります。」では指導者の存在価値はありません。児童の能力を最大限に伸ばすのが教師の役目です。こうしたら、もっと伸びるというところを見つけ、スモールステップで、一時に一事（一回の指導で幾つも要求しない）ずつ指導し、評価して、少しでも良くなったら、一緒に喜ぶ。そして、今日の成長を一緒に喜ぶことが大切です。水泳指導は、毎回一人ひとりの成長が見えるから、本当に楽しいと思います。できたら、自分で工夫させるべきだと思います。今時のことですから、ビデオ撮影をして、児童が自分のフォームを見て、課題を見つけるようにし向けるのもいいと思います。そして、児童が自分の課題をもって次の授業に臨むようにするといいですね。

このことが、水泳指導に限らないことは、みなさん、もう気づいていると思います。

どんどん泳がせれば、体力は付くでしょう。どんどん泳がせることが必要な時期もあるでしょう。でも、いつもではいけません。伸びる子は、どんどん伸びるかもしれませんが、伸び悩む子は、水泳が嫌いになります。それは、伸び悩む子への教師の暴力だと思います。

PEACE NOTE67 No.19

興味関心を大切に

（平成二三年一月五日）

あけまして　おめでとうございます。

どんなお正月を迎えられましたか？　初日の出を見に行きましたか？　それとも、寝正月ですか？　お雑煮は食べましたか？　お屠蘇は飲み過ぎませんでしたか？　初詣には、行きましたか？　お正月には、いろいろな習わしがありますね。それらは、時間に区切りをつけることの大切さを伝えているのだと思います。

学級にも、気分を新たにするような何かを書いたり、掲げたりしてもらいたいと思います。黒板に先生の新年の抱負を書くのもいいかもしれません。書初めを貼るのもいいかもしれません。

ところで、冬休み前に校長先生が子どもたちに話されたことについて調べてみましたか？「一年はどうしてこの時期に始まるのか？」という問いです。冬至の次の日を一月一日にした暦も、立春辺りを一月一日にした暦も、春分の日を一月一日にした暦もあったようです。どれも納得がいきますよね。でも、そのどれでもない今の一月一日は、どのようにして決まったのでしょう。宗教的だったり、政治的だったりするようですが……。

今は、インターネットが普及していて、ちょっと疑問に思うことがあるとすぐに調べてみることができます。教師には、好奇心が大切だと思います。今は、先生が子どもに知識を伝えるという時代ではなくなりつつあります。新しい物事については、子どもの知識量の方が多いということだって十分に考えられます。そういう時代にあっては、興味をもって調べてみることの楽しさを教えたり、情報をどのように整理し、価値判断をするかということを教えたりするのが教師の役割になると思います。そういう意味で、興味、関心をもち続ける教師であってほしいと思います。

こちらの正月は穏やかでしたが、テレビでは、山陰の豪雪を伝えていました。米子に帰ったI先生は、大丈夫だったでしょうか？　豪雪の話も聞きたいですね。天気予報で、風雪注意報など出されていましたが、嘘のようでしたね。二日は、ウサギと鶏の様子を見に来ましたが、空は深い青の晴天で山の冬枯れは、東山魁夷の日本画のようで綺麗でした。

さて、今年も教頭通信を書いてみようかと思っています。今年は二〇号くらいは出したいものだと考えています。ＰＥＡＣＥ　ＮＯＴＥ66の「66」って何？　と言われる方もあるようですが、今年は、「67」です。この数字は、一九四五年を核時代元年とする年号です。この呼び方が無くなることを願いながら、意識してタイトルに使っています。

今年も、よろしくお願いします。

伝統と革新

（平成二三年五月二一日）

Ｙ小学校に転勤してきた三人の先生方、来られてから丁度一ヶ月になりますね。怒濤のような一ヶ月だったと思います。お疲れ様でした。しかし、小さな学校では担当分掌も多く、行事も多く、なかなかゆっくり指導できる時間がありません。追われ、追われて気がついたら一年が終わっていたということにもなりかねません。そうならないためには、攻めの姿勢が大切です。転勤一年目は特に、言いたいことが言える時です。わからないことはわからないと言え、おかしいことはおかしいと言える時です。どんどん言うべきだと思います。言っても変わらないこともあるかもしれませんが変化のきっかけにはなると思います。

中国新聞のコラムにアンデルセングループ相談役の高木彬子さんの「生きて」とい

うのがあります。先日までこのコラムを読むことはなかったのですが、四月二九日のこのコラムがふと目にとまりました。そこにこんなことが書かれていました。「有名な和菓子の老舗『虎屋』の言葉に『伝統は革新の連続』というのがあります。……」伝統は、古くから伝わったものをそのまま大切に受け継ぐことではなく、時代に合わせて革新を続けることによって保たれるということだと思います。

私も、先輩の先生から同じようなことを教えられました。その先輩もさらにその先輩から「伝統は同じことをすることではない。変えていくことが伝統になるんだ。」と言われたそうです。常に新しいことに挑戦する気持ちはもち続けたいものです。ただ、そこには、目の前にいる子どもたちの可能性を最大限に伸ばすにはどうすればいいのかという視点が抜けてはならないと思います。

「子どもたちの可能性を最大限に伸ばす」という視点を忘れてはならないのは当然のことですよね。でも、このことをわざわざ言うのは、自分にとって楽な方向に変えていこうとか、面倒なことはできるだけやめようとかいう方向で学校を変えていこうとする先生にも出会ったことがあるからです。できるだけ事を起こさないために新しいことはやらないようにしようという考えも同じだと思います。

一方、費用対効果の考え方も必要です。教師という仕事をしていると子どものためにあれもやってやりたい、これもやってやりたいと欲張りになって、仕事がどんどんとふくらんでいくという傾向があります。「評価」の観点からすると、限られた時間の中でいかに成果を上げるかが大切になります。成果の上がる仕事に重点を置いて、成果の上がらない仕事はできるだけ削減していくことが求められます。この観点も入れながら、学校を変えていきましょう。「選択と集中」なんて言う言い方もされますね。

PEACE NOTE 67 №21

自分を生かす

（平成二三年五月九日）

もう、自己申告書は、書きましたね。どんなことを念頭に置いて書きましたか？　学校教育目標、学校の研究テーマ、昨年度の成果と課題、一ヶ月間見てきた学級の実態と目指す学級の姿、自分の担当する分掌の仕事などを思い浮かべながら書いたと思います。

もう一つの大切な要素も加味してほしいと思います。それは、自分の得意とする分野、興味のある研究などです。教師としての自分が「このことを考えていると楽しいんだよね。」「このことだったら研究が苦にならないんだよね。」という教科や領域や教育テーマをもち、それを自己申告の中にも入れてほしいのです。好きなことをしている子どもが生き生きと輝いているように、得意なことや願いをもって活動している先生も輝いて魅力的です。やらされ仕事だけでは、不満や倦怠感が顔に出てしまいます。

学校の研究教科・領域と違っていてもそんなに気にすることはありません。学校教育目標や経営目標とはどこかで繋がっているはずです。そこのところは、自分なりに整合性をつければいいと思います。

私は、ずっと社会科の研究をしてきましたが、教諭時代に学校の研究教科が社会科になっていたのは府中南小学校時代の一度しかありません。しかし、学校の研究教科が社会科だった時、私は特別支援学級（当時は障害児学級と呼んでいた）の担任をしていて研究にほとんど参加できませんでした。そして、特別支援学級の担任をはずれたとき、学校の研究教科は、理科になっていました。

ある時、校長先生から呼び出されて「社会科の研究をしている学校からおまえに来ないかという誘いが来とるがどうするか。」と言われました。そして、「うちは理科の研究をしているが、学校教育は理科ばっかりするわけじゃあない。うちにも社会科の得意な先生は必要なんで。」とも言われました。私は、転勤希望を出しませんでした。

社会科の研究校に行って自分の力を発揮するのも自分を生かすことになると思いま

すが、理科の研究校で社会科の立場から下支えするのも自分を生かすことになると思ったわけです。

みなさんにも、自分を輝かせることのできる要素を自己申告の中に入れていただきたいと思います。法隆寺の修復を任された西岡頭領が「木組みは人組み」と言われています。一本一本の木の特性やくせをうまく組み合わせて均整のとれた法隆寺というすばらしい建物ができているように、スタッフの一人ひとりの個性を生かしてこそ工事が成功するということだと思います。

Y小学校が、教育目標に向かって一つになって取り組むのは当然ですが、一人ひとりの得意とすることや願いや個性がうまく組み合わさって調和のとれた学校になると同時に、一人ひとりの先生や職員に輝いてもらいたいと思います。

PEACE NOTE 67 №22

東日本大震災に思う 1

（平成二三年六月二三日）

この写真は、四月一日付中国新聞に載っていたものです。今回の巨大地震、津波、原発事故という一連の報道を見るたびにヒロシマの原爆のことを思い出していたのは私だけではないと思います。原因が戦争か自然災害である地震・津波かという違いはありますが、一瞬にして多くの命が奪われ生き残った人々も家や家族や思い出の詰まったものまでも無くしてしまったということでは似ていると思います。

今回の震災は、原発事故を伴っただけに一層原爆のことを連想させます。

ここまで読んで、「ちょっと変だな。なんで今ごろ。」と思われたかもしれません。

実は、№22を書き始めたのは、五月の初めだったのです。ちょっと書けないでいる間に、いろいろなできごとがあり、その時々のタイムリーな話題で通信を書くことがで

10年3月撮影（芳村忠男さん撮影）

岩手県宮古市田老地区　　3月28日撮影

きなくなってしまいました。今なら、やはり「野外活動」報告が妥当なところでしょう。しかし、野外活動報告を書き始めたとしても発行が、夏休みになるかもしれません。今年の野外活動の報告は、写真にします。子どもたちのいい表情をサーバーから見てください。「PEACE NOTE」は、タイムリーさを無視してボチボチと書いていくことにします。

そんなわけで、話を東日本大震災に戻します。

右の写真は「スーパー堤防」と呼ばれた高さ一〇メートル、延長二五〇〇メートルの堤防を築いていた田老地区の震災津波前と後の写真です。過去の津波被害の経験から人々が営々と築いてきた堤防がこんなにも無惨に壊され、町が壊滅的被害を受けるとは……。自然の脅威の前の人間の無力さを感じてしまいます。

さて、「東日本大震災に思う」で書きたかったことは二つです。

一つは、「ヒロシマの心」を思い起こしてもらいたいということです。

二つ目は、「平和と暴力」について考えたいということです。

次回は、「ヒロシマの心」と大震災について書きたいと思います。

PEACE NOTE 67 No.23

東日本大震災に思う　2（ヒロシマの心を）

（平成二三年七月四日）

私が「ヒロシマの心」について聞いたのは、たぶん大野允子さんの講演会だったと思います。大野允子さんは、『かあさんのうた』の著者です。読んだことはありますか。絵本『かあさんのうた』のインターネットでの紹介文はこうです。「八月六日、広島に原子爆弾の落とされた夜、町はずれのくすのきの下へも、おおぜいの人がにげてきました。みんなやけどをおって、もうごけない人もありました。その中に、くすのきは、小さなうたごえをきいたのです。まいごのぼうやをだいてうたっているのは、おさげのかみの女学生でした。かあさんをよびつづけるぼうやをほっておけなかったのです。小さなかあさんになった女学生は、くすのきによりかかってぼうやをしっかりとだいて、いつまでも子もりうたをうたいつづけました。」思い出しまししたか？

私が大野さんの講演を聞いたのは、もう三〇年も前のことで大野さんが本当にそんな話をされたのかどうかはっきり記憶にあるわけではありません。しかし、『かあさんのうた』に登場する女学生が、自分の命が危ういという状況の中で、迷子の坊やを放っておけず、抱いて子守歌を歌ってやったという部分が「ヒロシマの心」を表しているのだと講演を聴いた後、私は私の中で整理したのです。私の中での「ヒロシマの心」とは、極限状態におかれた中でも現れる人間の優しさや思いやり、あたたかさ、前向きの強さのことです。

六年生の国語の教科書に載っていた坪井栄さんの「石うすの歌」では、直接原爆のことを書いてあるわけではありませんが、原爆で両親を亡くした瑞恵の回す石うすが「勉強せえ、勉強せえ、つらいことでもがまんして」と歌うところに、これから困難を克服して生きていく子どもの姿が暗示されています。これも「ヒロシマの心」だと思います。いぬいとみこさんの「川とノリオ」も今西祐行さんの「ヒロシマの歌」も同じだと思います。

東日本大震災が起こって少しして、三月中だったでしょうか。私はみなさんに「海外メディアは、震災が起こっても冷静で秩序正しく、思いやりのある日本人の姿を伝えています。そのようなエピソードを捉えて子どもたちに語ってください。」と話したことがあります。東日本大震災の被災地でも「ヒロシマの心」が現れていると思ったからです。しかし、中国新聞を読む限りでは、子どもに語って心に響くようなエピソードはなかなか目につきません。いいエピソードがあったら、知らせあったらいいと思います。あの時、海外メディアが伝えていた内容は、略奪がほとんど起こっていないということや首都圏で交通麻痺が起こっているにもかかわらず、大きな混乱はなく、黙々と歩いて家路につく人の様子だとか、駅の階段に片側を空けて整然と座っている人々の様子などでした。それらは、緊急時でも自分さえよければいいという考えではなく、人に迷惑をかけず自分にできることをしようと行動する日本人の良さだと思いますし、私としては「ヒロシマの心」に通じるものを感じたわけです。

話は少しずれますが、大野允子さんの講演を聞いた時、こんなことを言われたのを思い出しました。「私は、学校の先生が大嫌いです。先生は、物語を学習させて、例えば主人公がなぜこんな行動をしたかという答えを一つに限定しようとしたり、答えがわからないと著者に質問の手紙を出させたりする。作品は、作者の手を離れた時から一人歩きをするものです。」作品をどう読むかは、読み手の問題であって作者の問題ではないということだと思います。自由な読み方をさせない先生への痛烈な批判だったと思います。

PEACE NOTE67 No.24

東日本大震災に思う　3（ヒロシマの心を）

（平成二三年七月一一日）

私は、子どもたちに、極限状態におかれたとしても人間としての優しさや思いやり、あたたかさをもち続ける人に成長してもらいたいと願っています。それは、言い換えるとヒロシマの心を知ってほしい、そして、忘れないでほしいということです。

V・E・フランクル(3)は『それでも人生にイエスという』の中で次のように述べています。

「たしかに、過去の年月によって、私たちは冷静になりました。が、その年月を経て、人間性が大切であることもはっきりしたのです。すべては、その人がどういう人間であるかにかかっていることを私たちは学んだのです。最後の最後まで大切だったのは、その人がどんな人間であるか「だけ」だったのです。なんといっても、そうです！　ついこのあいだ起こったどんなにおぞましいでき事の中でも、そして、強制収容所の体験の中でも、その人がどんな人間であるかがやはり問題であり続けたのです。(4)」

強制収容所という極限状態の中で金も権力も名声も人生も幸福も……すべてが失われた中で問われたのが個々の人間の人間性だったというのです。例として、ナチスの親衛隊員の収容所長が、密かにポケットマネーで囚人のために薬を調達していたことを挙げ、他方で同じ収容所の年長者の囚人が他の囚人を虐待していたという事実を挙げています。強制収容所という極限状態の中では、ナチスだから悪いとか、囚人だからどうだとかいう問題ではなく、個々の人間性の問題だというわけです。

ヒロシマも同じでした。峠三吉が「父をかえせ、母をかえせ……私につながる全てをかえせ」と言っているように、被爆者も全てを無くしたのです。さらに、自分の命が無くなろうとしている時でさえ現れてくる優しさや思いやり、温かさを表現したのがヒロシマの文学であり、伝えようとしたものが「ヒロシマの心」だと思います。

フランクルは、どういう人間性をもった人間になるかは、個々の決断によるとしています。そして、その決断には、他者の示す模範が助けになると言っています。悪い模範を目の当たりにすると正しいことをするのが恥ずかしくなり、良い模範に接するとそれが当然の行動となるのです。頭の中で正しいことと悪いことがわかっているだけではだめということでしょう。

今、東日本大震災の被災者、原発事故でふるさとを追われた人々もまた、全てを失い極限状態におかれたわけですが、そのような状況の中で、助け合い、心遣いをしあって、前向きに生きようとしています。私たち教師は、この模範をぜひ子どもたちに伝えるべきではないでしょうか。

七月六日のお話朝会で私が子どもたちに伝えたかったのはそういうことです。しかし、もっと子どもたちの心にせまる資料がほしいと思ったのも事実です。

（3）一九〇五年生まれ。精神科医でしたが、第二次世界大戦下、ナチスによって強制収容所に送られ、妻を始め家族の多くを失う。私は、学生時代に彼の著書『夜と霧』を読み、衝撃を受けました。

（4）V・E・フランクル『それでも人生にイエスという』山田邦男・松田美佳訳　春秋社　二〇一一　p.12。

東日本大震災では、被災者の人間性だけではなく、外から支援しようとする人々の人間性にも感動させられました。日本だけではなく、海外からも多くの手がさしのべられました。そして、Y小学校の保護者からの「資源回収の収益を全て東日本に」という提案も、子どもたちに対する強烈な教育的行動になっていると思います。

これらの周りからの善意を効果的に復興につなげるのが政治の役割なんですけどね……。

PEACE NOTE 67 No.25

東日本大震災に思う　4（ヒロシマの心を）

（平成二三年七月二〇日）

私の考えている「ヒロシマの心」についてお話ししましたが、これは、一般化された定説というわけではありません。被爆六〇周年に「ヒロシマ平和コンセンサスの試み」がなされ、「ヒロシマの心」についてのコンセンサスも得られているようですので、紹介しておきます。

◆ヒロシマの心

一九四五年　八月六日　八時一五分　原子爆弾投下の絶対的事実を再確認し、感じ、考えた、私達市民パネル全員の合意として、核抑止力に代表されるような「力の論理」を、全ての生きとし生けるものを愛する「愛の論理」に変えていくことが、平和を創造していく原点であると認識しました。未来の子どもたちに美しい地球を残す為に、人間同士が傷つけあう事がないように、地球上から核がなくなるように、子ども達の笑顔が未来永劫（みらいえいごう）絶えないように、世界の市民と連帯して主体的に平和を創造していく心を「ヒロシマの心」としました。[5]

このヒロシマの心に照らして今回の原発事故とそれへの対応はどう評価されるのでしょうか。私には、全くかけ離れているのは明白なように思われます。

ここまで東日本大震災と「ヒロシマの心」について書いてきましたが、原発事故についてはふれずにきました。政治的な話になりそうだからです。

しかし、六〇数年経っても未だに放射能被害に苦しめられているヒロシマの経験者がもっと発言権をもってもいいのではないかと思います。中国新聞が「フクシマとヒロシマ」という特集記事を連載していますが、もっと声をあげるべきではないでしょうか。七月一二日に、被爆アオギリで有名な沼田鈴子さんが亡くなりました。ヒロシマの語り部がまた一人去られました。でも、だからこそヒロシマの心を語り継いでいくべき時だと思います。

佐賀県の玄海原発の再稼働を巡って、原子力に対する政府の方針を早く出せという風潮があります。そして、総理大臣がしっかりしていないから駄目なのだと言います。しかし、総理大臣が「脱原発」と言っても総理大臣を引きずり降ろしたい人は反対するでしょう。「原発推進」と言っても反対するでしょう。さらに、具体性がないと言うでしょう。反対のための反対としか思えません。総理大臣がだれになっても、じゃあ一緒に前向きに考えましょうという政治家がどれだけいるのでしょうか。日本の政治はまだまだ「力の論理」で動いています。「愛の論理」の政治をしてほしいものだと思います。「力の論理」のままで、スーパーヒーロー的政治家の出現を期待するのは、危険だと思います。

六年生には、政治単元で、「東日本大震災に対して政治ができること」というテーマで考えさせてみてはどうでしょうか。震災後四ヶ月経っても避難所生活をしている人がいます。船が流されて仕事ができない漁師さんがいます。「田に塩が入って農業

(5)　被爆六十周年記念事業 コンセンサス会議　歴史的証言に基づくヒロシマ平和コンセンサスの試み
主催：ワールド・ピース・ヒロシマ　共催：財団法人広島平和文化センター
広島市民が考える『ヒロシマの心　これからのヒロシマ』
www.ousamaosamu.com/wphiroshima/consensus/seika.htm

ができない農家があります。原子力発電所の近くに住んでいたというだけで故郷を追い出されて不安な日々を送っている人がいます。原子力発電所からは、かなり離れた所で牛を飼っていたのに稲わらに放射性セシュームが付着していて牛を出荷できない肥育牛生産者がいます。どうしますか。」と問いかけたいと思います。子どもなりに考えることができると思います。「国会議員の数」だの「二院制とは」だの「三権分立」だのを教科書を読んで覚えるだけの学習より、大切だと思います。

PEACE NOTE 67 №26

平和と暴力

（平成二三年八月二三日）

№22で東日本大震災について二つのことを伝えたかったと書きました。一つは、前号まで書いた「ヒロシマの心」についてです。もう一つは、「平和と暴力」についてです。

地震や津波の猛威はすさまじいものでした。自然による現在の科学では避けることのできない現象だから暴力ではなく災害というわけです。被災者は、地震以前の通常の生活を一瞬にして断ち切られ、家族を亡くし、友を亡くし、仕事を無くし、家を無くし、生活を無くし、生活の場さえ追い出されたわけですから、とても平和だとは言えません。天災とばかりはいえない部分もあります。まずは、原子力発電所の事故です。安全だ、安全だと言ってきていたのですから、今回の事故は、過信と自然を甘く見た人災でしょう。次に、復旧や復興への進度の遅さは何ということでしょう。日本の政治の弱点を露呈してしまっています。このことによって被災者だけではなく、多くの産業が影響を受け、困っています。

このように、避けることができるはずのことが避けられず、人の日常達成できていたはずのことをできなくしてしまう力を「暴力」と言います。

どうして私が、この「暴力と平和」という言葉にこだわるかというと、震災とその後の様子を見聞きしていて、ノルウェーの平和学者ヨハン・ガルトゥングの平和の定義を思い浮かべたからです。

ヨハン・ガルトゥングは、「平和」を「暴力の不在」と定義しています。そして、暴力とは何かについて次のように言います。

「ある人にたいして影響力が行使された結果、彼が現実に肉体的、精神的に実現しえたものが、彼のもつ潜在的実現可能性を下まわった場合、そこには暴力が存在する。[6]」

翻訳された文章って、わかりにくいですよね。何が、暴力だって言うの？　と言いたいところですよね。

こうも言っています。

「暴力は、ここでは、可能性と現実とのあいだの、つまり実現可能であったものと現実に生じた結果とのあいだのギャップを生じさせる原因、と定義される。[7]」

福島第一原発について考えてみましょう。福島第一原発は、海抜三五メートルの台地だったところをわざわざ二五メートル削って立地しています。[8] 岩盤に接地させるためという理由があるようですが[9]、津波の危険性を軽視し、経済性を重視した建て方だったということです。その結果、今回の地震と津波で事故を起こし、多くの被害者の実現可能性を阻害したわけですから、そこに暴力が存在すると言えます。平和は暴力の不在ですから、原発事故に関連する全ての被害者は、平和ではない状態に陥れられたということになります。

前述のガルトゥングは、暴力を基本的に「個人的暴力」と「構造的暴力」に分類し

（6）ヨハン・ガルトゥング『構造的暴力と平和』高柳先男・塩谷保・酒井由美子訳　中央大学出版部一九九一　p5。
（7）同右書、p6。
（8）中日新聞二〇一一年五月五日
（9）ウィキペディア「福島第一原子力発電所」ja.wikipedia.org/wiki/ 福島第一原子力発電所

ています。暴力を行使する主体が存在する場合を「個人的暴力」と呼び、行為主体が存在しない場合を「構造的暴力」としています。原発事故は、東京電力という行為主体がありますから、個人的暴力に当たると言えます。

この号を書こうとしている間に、八月六日が過ぎ、八月九日が過ぎ、八月一五日が過ぎてしまいました。戦争は、最大の暴力です。暴力の不在状態が平和ですから戦争がなければ、平和かというとそうはいきません。原発事故のような暴力があっても平和とは言えないのです。もっと小さな、本当に個人的な暴力があっても、被害者にとっては平和ではないのです。

PEACE NOTE 67 No.27

平和教育と運動会練習

（平成二三年九月六日）

学校からの帰り道、虫の音が大きくなってきました。クサキリでしょうか。草むらから大合唱が聞こえてきます。精一杯鳴いて、命の限り生きようとしているのだなと切なくもなります。あの震災から半年、節電の夏も終わりを告げようとしている時に、台風一二号が、また大きな被害をもたらしました。自然の前では、人間も虫もともにちっぽけな命なのかもしれません。しかし、被災地の人々は、どんどん前向きに生きています。震災後半年を機に、復興に向けて力強く前向きに生きている人たちの様子が新聞やテレビ番組で取り上げられています。「前を向いて進んでいくしかなかんべ。」という漁師さんの言葉に「生きるって、そういうことなんだよな。」と深く納得させられるような気がしました。自然の前では、ちっぽけな命がこんなにもすばらしいものだとも思えます。いつ消えてしまうかもわからない命だからこそ、今を精一杯生きていかなければならないのだと思います。なかなか前を向くことができない人の気持ちも察することができなければなりませんが……。

さて、運動会の練習が始まりました。運動会の練習で、私たちは、子どもたちを精一杯生かしているでしょうか。

私が初任の頃、ある校長先生が、「わしが朝礼台の上に立って指揮をしたら、子どもが一〇〇人いようが二〇〇人いようが『ハッ』という号令一つで、ピシッと動いたで。」と言われていました。すごいなあと思いました。子どもたちが、ピシッと動くことは、すばらしいことだと思うのですが、そうなるまでの指導は、どのようなものだったのでしょうか。ずいぶん昔のことですから、この先生の言うことを聞かなかったら大変なことになると思わせるような指導をしていたのではないかと思います。

また、これもずいぶん古い話ですが、生徒指導に定評のある先生が集団行動の練習をする時に、こんな指導をされていました。「整列」「今のは遅かったので三〇点。」「もう一度、整列。」「今度は五〇点、おしゃべりが聞こえました。」「もう一度、整列。」「今度は六〇点、赤がまっすぐ並んでいません。」「もう一度、整列。」……。

これらの指導は、暴力的な指導だと私は考えます。前号のガルトゥングの暴力の定義を思い出してみてください。それは、「暴力は、ここでは、可能性と現実とのあいだの、つまり実現可能であったものと現実に生じた結果とのあいだのギャップを生じさせる原因、と定義される。」です。つまり、私は、右のような指導を続けていたら、子どもたちの可能性がつぶされる原因になると思うのです。どのような可能性かというと、「自ら考え、判断し、表現する」力が育つという可能性です。

右の例のような指導は、先生が何を求めているかがわかる子には大きな問題はないかもしれませんが、「先生は、次に何を言い出すのだろう。」とびくびくするような子には、脅威でしかなく、先生の顔色をうかがって動く子に育てることになります。強い先生に対して従順な子には育つでしょうが、臨機応変に主体的に行動する子には育たないと思います。

平和とは、暴力の不在ですから、平和的な教育にするためには右のような指導法をとってはいけないということになります。それでは、どのような指導をしたらいいのでしょうか。

最も大切なことは、目的や目当てを教師と児童が共有することです。授業も運動会練習も同じですが、その最初に、この時間は、何のために、どこまでできるようになるかという目当てを明確にし、時間の途中では目当てに向かっているところを評価し、終わったときにも、目当てと照らし合わせてどうだったかを自己評価させたり、教師が評価したりすることが必要になってくると思います。幸い、Y小学校にはシェアリングをするという伝統があるので続けてもらいたいと思います。とにかく、子どもたちを、どこに連れて行かれるのかわからない車に乗せられた気分にさせないことです。

PEACE NOTE 67 №28

教育の場と服装

（平成二三年一〇月一一日）

虫の音がいつの間にか弱まって、金木犀の香りが漂っています。猛暑の中で練習し、雨の合間に実施した運動会が終わり、五・六年生の研究授業が終わり、成績をつけて渡し、怒濤の前期後半が終わりました。中秋の名月をゆっくりと愛でる余裕もなく過ぎたと思いますが、もう次の満月です。久しぶりに満月でも眺めてみませんか。そして、またまた怒濤のように押し寄せてくるだろう後期の仕事に立ち向かう鋭気を蓄えましょう。

それにしても、本校の運動会は良いですね。子どもたちの素直さがそのまま出ていて嬉しくなってしまいます。運動会の頃、職員室で「先生たちは、Tシャツをパンツ（ズボン）の中に入れる派か、外に出す派か」という話が出ていました。二年前に「子どもたちには体操服の裾をハーフパンツの中に入れるよう指導するが、教師はどうしますか？」という話題を出したのを思い出しました。

私は、児童に体操服の裾を入れるよう指導するのであれば、教師もシャツをパンツの中に入れるべきだと考えています。

先輩の先生から教わったことですが、教育の場には、それにふさわしい服装というものがあります。こういう服装でなければならないというのではなく、こういうものはやめてほしいというものです。

まず、児童についてです。本校の場合は、基準服が決まっているので問題はありませんが、私が以前勤務していたA郡やK市には、児童が私服で登校する学校がたくさんありました。人数も多いと席が縦に並びます。すると、ある児童の目の前の児童が、原色のTシャツを着ていたり、その背中に言葉が書いてあったり、竜がにらんでいたりするということが起こります。目の前にそんなものがあると、そちらに注意が向いてしまうと思いませんか。そのことによって集中力が削がれ、それがなければできたはずの成長ができないということになれば、ガルトゥングのいう暴力にあたるだろうと私は思います。平和の観点からも、友達の集中力を削ぐような服装はすべきではないのです。

次に、教師についてです。教師は、児童にとって最大の教育環境であることに間違いはありません。ですから、児童の場合と同様に、児童が学習に集中できないような服装は避けるべきです。しかし、案外気づかずに、服装の方に集中させてしまっていることがあります。

これは、私の失敗談です。授業が終わった直後に学級のある児童が目を輝かせてやってきました。

「先生、先生。」

「どうしたの。」

「先生のネクタイにハートがある。」

授業の中で何か良い学びがあったということを報告してくれるのだろうと期待した私は、愕然としてしまいました。市松模様を四五度傾けた柄に円弧を重ねたような模様のネクタイだったのです。私のネクタイの柄の中にハート型を見つけて喜んでいたのです。授業に集中させず、ネクタイの柄に注意を向けさせてしまったわけです。ネクタイの柄以上に面白い授業をしていなかったという見方もできますがね。

さて、運動会で先生がシャツの裾をパンツの中に入れるべきかという話に戻ります。Y小学校の児童のように「みなさんと先生は違うんですよ。」という説明で納得するのならいいのですが、一般的にはなかなかそうはいきません。「先生は、どうしてシャツを入れないんですか。」という質問をする児童も出てきます。そして、先生は別という説明に納得しない児童も出てきます。疑問や不満をもちながら運動会の練習をするのでは集中した練習にはならないでしょう。いろいろ理屈をつけて児童に先生は違うんだということを説明するくらいなら、先生もシャツを入れておけばいいというのが私の考えです。

PEACE NOTE 67 No.29

児童・生徒と共感できる先生に

（平成二三年一〇月一八日）

服装について「上着をズボンの中に入れなさいと言うのに、先生は入れてない。」という児童がいるという例を挙げましたが、服装に限らず「先生のやっていることは、私たちに要求することと違う。」という批判的な見方をする児童はいます。同じようにさせようとする傾向が強い日本の教育現場においては当然のことかもしれません。そのような児童に対して「先生とあなた達は違うのです。」とか「大人は、子どもと同じ格好はしません。」というように突き放したのでは、矛盾に気づく子どもを育てることはできません。やはり、気づきを認め、考えさせることが大切だと思います。

ただ、教師と児童・生徒の距離感も大切だとは思います。先生は全く別世界の人だと感じさせるようではいけませんし、反対に友達同様になっては、意見が違うと喧嘩にもなりかねません。教師としての立場を維持する距離は必要だと思います。適切な距離を生むのは、教師の視野の広さと心の余裕と知識や経験の豊富さでしょう。やっぱり先生にはかなわないと思わせる何かをもっておく必要はあります。

先生が、全く別世界の人になってはいけないというのは、子どもたちの感じていることに共感ができなくなってはならないという意味です。

今では考えられないことかもしれませんが、二〇年足らず前までは、多くの学校が、運動会に子どもたちを素足で参加させていました。「足の裏を鍛える」という目的だったと思います。素足で走っても怪我をしないように、運動会練習が始まる前には「石拾い」という行事が組まれていました。素足で練習して一週間も経てば、確かに足の裏の皮が厚くなるのか、強くなるのか、痛みも感じなくなりトラックのコーナーを走っても皮がめくれるということはなくなります。

ある学校でのことです。運動会実施計画が検討され、「今年も、児童には素足で参加させる。」と決まりました。練習が始まり、全体練習になりました。そこで、ちょっとびっくりしたのです。子どもたちは、みんな素足になっているのに、教師は、私以外だれも素足になっていないのです。「久保先生は、元気じゃねえ。」などと声をかけてくる先生もいます。

先生たち全員が素足で参加すべきだとは言いませんが、何人かに一人くらいの割合で素足になっていいてほしかったですね。そうしないと、素足になり始めの頃の足の裏の痛みだとか、素足では危険な場所だとか気がつきにくいと思うのです。教育は、共育です。教師と児童・生徒の共感の上に教育が成り立っているのではないでしょうか。教師のだれ一人、素足になっていなかったら、子どもたちの中に「この痛みを先生もわかってくれている。」という共感は生まれないと思います。「この痛みも、すぐに気持ちいい刺激になるからね。」という教師の言葉も、靴を履いた先生が言うのと素足の先生が言うのでは受けとめも違うと思うのです。

現在は、子どもの靴の進歩もあって足の保護の観点から素足で運動会をする学校は無いと思います。これも教育の進歩かもしれません。しかし、最近また、素足の効用についての報道を見かけました。体育を専門に研究している先生や体育担当の先生は、子どもの成長にとって何が一番良いのかを研究し、最新の情報を伝えてほしいと思います。

保護者の考えの情報もできるだけ謙虚に聞いておくべきだと思います。体操服の素材をいつまでも木綿の白と決めつけないでほしいという人もいます。薄い化繊で、汗をすぐに吸収して蒸発させるような素材のスポーツウエアも出回っているからだと思います。学校が一番時代遅れだと言われないような研究もしておくべきでしょう。

PEACE NOTE 67 №30

学習発表会によせて（教師の主体性を）

（平成二三年一〇月三一日）

いよいよ一〇月も最終日となりました。今日は学習発表会予行演習ですね。当日に向けて最後のチェックというところでしょう。教師が児童の発表をチェックするというのではなく、児童自らが、自分たちの表現についてチェックし、よりよくしていこうとする態度を育てることが大切だと思います。学級だよりの中に、子どもたち自身が、表現をよりよくするための提案をしているという内容がありました。児童の主体性、自主性を最大限に伸ばしましょう。それが、平和的な教育だと思います。

また、教師も自らの主体性、自主性を常に磨いてもらいたいと思います。「総合的な学習の時間」の研究授業で、I先生とS先生が見せてくれた、新しい試みへの挑戦が私たちに感動を与えてくれたように、教師の主体性は、児童に感動を与えるとともにに、意欲を喚起し、姿勢を前向きにします。

私は、初任から一六年間は、劇をする学習発表会の経験がありませんでした。F小学校では、学習発表会はありましたが、本当に日ごろの授業の中で学習したことを発表する（今でいえばプレゼンテーション）ものだったり、群読や合唱・合奏の発表だったりしました。しかも、学年に四～五クラスあり、その担任の中には音楽の得意な先生がいたり、群読をやりたいという先生がいたりするのですからついていけばいいという状態でした。K小学校に転勤すると何と劇の発表があると言うではありませんか。しかも学年単学級ですから本当に困ってしまいました。

そこで考えたのは、学習したことを劇にしようということです。五年生を担任していた時には、社会科の「伝統的な産業」で学習した熊野筆の歴史を劇化しました。江戸時代、冬場作物を作れない貧しい熊野（当時「熊野」という地名ではない）の人々は、米の収穫が終わると紀州の「熊野」に出稼ぎに行っていました。春になって故郷に帰る途中、奈良で筆を買って、帰る道すがら筆の行商をしたというのです。そのうち、筆の作り方そのものを学んで帰り、家の中でできる冬場の産業にしていったのです。その名残で、「熊野」という地名がついたとされています。K小学校区には「新宮」

という地域があったり、「海上側」という地名があったりします。紀伊半島の熊野から木材を新宮に運ぶと、その向こうは海です。熊野の地名の由来は、紀伊半島にあるということです。この社会科学習の内容を劇にしたのです。また、学級のまとまりがほしいと願っていた時には、河合隼雄の本からヒントを得て、危険な体験を通して友達の絆ができるという話を作って台本にしました。

台本を一から作るのは大変ですが、苦しみながら台本を書く姿を学級の児童に見せることも大切なのだと思います。台本の中に、担任の願いを込めるとともに、新しいことに挑戦する姿を見せたかったのです。私には、作家としての才能が欠けていて、面白い作品はできませんでした。もっとユーモアがほしいとか泣けるような場面がほしいとか盛り上がりをつくりたいとか思うのですが、なかなか満足のいくものはできませんでした。しかし、同僚の中には、絵本をヒントにオリジナル作品を作り、感動的な演出をしていた先生もいました。教師が相互に切磋琢磨し、挑戦し続けることが教師力を付けることになると思います。

ある先輩の先生は、子どもたちに「絶対に怒らないから、学級であった心に残っているでき事を何でもいいから話して。」と呼びかけ、それを基に劇を創ったと言っておられました。自分たちが経験したことを劇にするのですから、子どもたちも迫真の演技ができたのでしょう。

みなさんも、来年はオリジナルの台本を創ってみようと思いませんか。

Ⅱ　平和学を基盤とした平和教育

PEACE NOTE 67 №31

構造的暴力

（平成二三年一一月一六日）

楽しい遠足が終わって、ふと気がつくと冬休みまで一ヶ月余りとなっています。自己申告中間申告を書いてみて、進捗状況はいかがでしたか。自分が目指す学級像にどれくらい近づいたでしょうか。学習発表会の児童の動きや遠足の時の子どもたちの様子を見ているとずいぶん成長してくれたなと思います。先生方の指導の成果が現れています。学級だよりには、目指す学級像に向かって学級が成長している様子を具体的に書くと保護者は安心するし、保護者の子どもを見る視点がはっきりしたり、褒める材料が増えたりすると思います。先生方の学級通信を読んでいても、成長の様子が具体的に書かれているととても嬉しい気持ちになります。

さて、№26で「暴力と平和」についてちょっとわかりにくく書いてしまったと反省して、その続きが書けなくなってしまいました。でも、やはり書きます。

暴力のない状態が、平和です。では、暴力とは何でしょう。例えば、私がだれかをたたいて怪我をさせたとします。たたくという行為がなければ身体的損傷は無かったわけですから、その行為は、暴力だと言えます。また、怪我をしなかったとしても、痛みという苦痛や精神的にやる気を無くすという状態を作るとすれば、これも暴力です。このようにだれかが、だれかを傷つけたり抑圧したりするような暴力を個人的暴力と言います。

これに対して、だれがと主語を示せないような暴力を構造的暴力と言います。ガルトゥングは次のように書いています。

「……一人の夫が妻を殴った場合には、それはあきらかに個人的暴力の例である。しかし、百万人の夫が自分たちの妻を無知の状態にしておくとすれば、それは構造的暴力となる。同様に、上層階級の平均寿命が下層階級のそれの二倍である社会では、……暴力が行使されていることになる。(1)」

こんな主語のない暴力に心当たりはありませんか。例えば、東京大学に入学する学生の実家の平均年収は、他大学の学生のそれより高いというのは、社会学的に実証されています。年収の低い家庭に生まれた子どもにとってハードルが高くなっているということは、個人的にだれかが悪いということではありませんが、構造的な暴力が存在しているということになります。

原発事故について暴力論で考えてみます。東京電力のレベルの低い想定によって、想定外の津波を原因とする原発事故が発生したという意味では、主語が東京電力で、相手が福島県民をはじめとする放射線被害者、という個人的暴力となります。

しかし、事故発生以前から東北地方の人々は構造的暴力にさらされていたのではないかと思います。東京電力の原子力発電所は、四カ所にあります。福島第一原子力発電所（福島県、原子炉六基）、福島第二原子力発電所（福島県、原子炉四基）、柏崎刈羽原子力発電所（新潟県、原子炉七基）、東通原子力建設所（青森県、建設中）です。関東地方には一カ所もありません。ずっと以前、原発建設反対者が「原発がそんなに安全だというのなら、東京湾を埋め立てて原発を作ればいい。」と言っていたのを思い出します。

（1）ヨハン・ガルトゥング『構造的暴力と平和』高柳先男・塩谷保・酒井由美子訳　中央大学出版部　一九九一　p.13。

そして、東京電力の販売電力量は、日本の全販売電力量の三分の一を占めています。首都圏の産業や人々が日本の電力の三分の一を消費し、その多くを首都圏の周辺部や外で生産しているのです。危険を抱えながら。このように、大都市中心の構造がすでに存在していたのです。貧しい地域に原発を作って、お金を落とし、雇用を創出するのだからありがたく思いなさいという上から目線の声が聞こえてきそうです。それでも受け入れざるを得ず、依存体質になっているのであれば、やはり構造的暴力ですね。

PEACE NOTE68 No.32

今を大切に

（平成二四年一月五日）

明けまして　おめでとうございます、と言っていいのでしょうか。

東日本大震災のようなことがあると、正月を迎えられることの不確かさを感じずにはいられません。正月を迎えることは、当たり前のことではなかったのです。東北のみなさんにとっては、とてもめでたいなどと言える状況ではないと思います。

その震災に遭われた方々が、日常生活の有難さを口々に語っておられます。当たり前だと思っていた日常が、こんなにもすばらしい、掛け替えのないものだったことに気づかされたと。身をもってこの日常のすばらしさを感じたみなさんに、本当に早く日常を取り戻してほしいと思います。

この教頭通信を書き始めたのも、一昨年の正月の少し前、かつて同僚だったI先生が亡くなったことがきっかけでした。直後の一月末には親友が亡くなり、二月には父が亡くなりと続けざまに身近な人が旅立ちました。本当にこの世は無常なんだと思います。

さて、私たちは六年生に「これが小学校生活最後の○○なんだよ。悔いがないように一生懸命頑張ろうね。」と行事のたびごとに指導します。このことは、人生でも同じなのではないでしょうか。人間、確実に死ぬことがわかっているから、生きている今を大切にして行事を楽しんだり、四季の移ろいを愛でたり、仕事に一生懸命になったりできるのです。楽しいから、一生懸命になるから輝くのです。死を忌み嫌う向きもありますが、死があるから生があるのです。死ないとわかっていたら、何か努力をしますか？　死と生は裏表です。でも、六年生の最後と違うのは、人生の最後が三月末というふうに期限がはっきりしていないということです。どこかで、自分の寿命は三月末よりは長いと思っているのですが、実は明日かもしれないのが人生ですよね。そこがなかなか実感できないところですが、震災は、そのことを教えてくれているように思います。

ところでみなさんは、今、一生懸命生きていますか。輝いていますか。先生が輝いていないと、子どもたちも輝きません。明日の命がどうのこうのというような物騒なことは言いませんが、Y小学校の教職員のこのメンバー全員で仕事をすることができるのは三月末までです。この三ヶ月の限定された期間に、Y小学校の新しい「総合的な学習の時間」の土台を作りましたと言えるように、紀要をまとめましょう。Y小学校の学力向上に資する仕組み作りができましたと言えるように目に見える形でまとめをしましょう。そして、来年度のメンバーに渡す準備を確実にしましょう。そのことが、Y小学校の子どもたちの命を輝かせることに繋がるわけですから楽しいじゃないですか。

核時代67年は、日本にとっての核の平和利用に大きな疑問符をつけざるを得ない年になってしまいました。核時代68年はエネルギーと核利用の問題が切実に問われる年になると思います。ところで、「ＰＥＡＣＥ　ＮＯＴＥ」も66から67へ、そして今年68になりました。67の最初の号で、「今年は二〇号位出したい」と書いていました。結果は、一二号止まりでした。目標に到達できなかった原因は、正月に書いてから五月まで全く書けなかったところにあります。私にもいろいろ事情はあります。でも、昨年の失敗を克服するために、三月末までに五号は出すことを目標にします。

みなさんも、今年の抱負とか考えましたか。
今年も、よろしくお願いします。

PEACE NOTE68 №33

電気エネルギーと構造的暴力

（平成二四年一月一三日）

№31で構造的暴力について書きました。その中で、東北地方の人々は、原発事故以前から構造的暴力にさらされてきていたのではないかと書きました。

一月九日の夜、風呂から上がってふとテレビを見ると、ＮＨＫスペシャル(2)で東京電力の発電所がどうして東北地方にあるかを歴史的に振り返っていたので、それを紹介します。

昭和八年の昭和三陸沖大地震と大津波で、東北地方は、やはり大打撃を受けました。多くの死者が出て、多くの町や村が流されたそうです。その時の政府は、今と違って、災害が起こったその月のうちに災害復旧予算を決定しました。このスピードはすごい

（2） ＮＨＫスペシャル「日本復興のために」平成二四年一月九日 22：00～23：35 放送。

ですよね。今回の地震では、未だに復旧予算もできていないのですから。「何をしているのだ。早くなにがしかの安心を与えてあげてくれ。」と思います。

その時の特別予算の目的は、復旧と住民の福祉ということでした。しかし、実際の復旧が始まると、目的が住民の福祉から日本の産業振興という方向にずれていったそうです。おりしも、昭和八年は日本が国際連盟を脱退し、満州国をつくって大陸進出を本格化させた戦争前夜なのです。戦争準備のために東北復興をしようという方向に変わっていったということです。そして、復興策として東北地方のそれぞれの地域に作られていた小さな発電所を送電線でつなぐという事業が行われました。こうして、東北各地で作った電気を東京を中心とする工業地帯に送ることができるようになったわけです。

戦争が終わって、日本中が焼け野原となりましたが、この時も日本復興の名の下に、東北地方の各地で大規模な開発が行われました。特に多くのダムが造られ水力発電が盛んに行われました。「只見川電源開発」という言葉を聞いたことはありませんか。私の小・中学校時代には、社会科では必ず出てきた開発の名前です。奥只見ダムという有名なダムが造られましたが、只見川に造られたダムは一つではありません。五カ所のダムに一五の発電所が造られました。只見川は、かの有名な尾瀬を源流とする川であり、阿賀野川の支流でもあります。今では、国語の教科書に開発から尾瀬を守る平野長蔵・長英父子の話が載っていますが（……ちょっと前の教科書だったかな？）その開発側が只見川電源開発なのです。当時は、日本の復興には大量の電力が欠かせず、東北の開発は強力に進められました。開発される地元も大きな発電所ができれば、地元の経済振興になると考えて、諸手を挙げて歓迎したそうです。しかし、その結果、ダムはできたが、電気はほとんどが東京を中心とする京浜工業地帯に送られたのです。こうして、昭和三陸大震災後の復旧は果たせたのかもしれませんが、地域のための発電所が、京浜工業地帯のための電源とされ、東京の補助金で生きていかなければならない体質がつくられていきました。

そして、同じような経過を経て東京電力によって東北地方に原子力発電所が造られたのです。東北地方の自立という視点で見ると、自立が大きく阻害されていると言わざるを得ません。まさに、構造的暴力だと思います。その構造的暴力の上に未曾有の自然災害と原子力発電所の事故という暴力を受けたのですから踏んだり蹴ったり、たいたりという状況だと思います。

只見川電源開発のような、工業都市中心の開発は、アメリカのニューディール政策を習ったものだと思います。ケインズの経済理論に基づいて行われたテネシー川総合開発が有名です。日本では、戦後この公共事業を行って雇用を確保するという政策が一貫して行われました。東北地方だけではありません。「黒部の太陽」という映画で有名な「黒部第四ダム」は関西電力の所有です。黒部でつくられた電力は阪神工業地帯で使われたのです。こうして、四大工業地帯を中心とした都市が形成され、人と電気が地方から都市に吸い込まれていったのです。

PEACE NOTE68 No.34

経済成長と人間の尊厳

（平成二四年一月二三日）

昨日、球技交流会で、ミニバスケットボールの交流会がありました。私は、Y小学校に赴任して以来、子どもたちに何度も感動というプレゼントをもらってきましたが、またもこの交流会で感動をいただきました。スーパースターだけが活躍するのではなく、それぞれのすべき役割を全うし、助け合ったチームプレーがすばらしかったです。何が何でも勝とうというラフなスタイルではなく、フェアプレーを守ろうとしていたところもすばらしかったです。しかし、この成果は、やはり教師の指導力によるところが大きいと思います。Y小学校の先生方は、本当にすばらしいです。

話は変わりますが、先週、六年生が社会科で、日本の高度経済成長からバブル崩壊にかけての学習をしていたので、教室に入って見させてもらいました。まさに私の子ども時代から子育てをしている頃までの歴史です。日本の高度経済成長は、前号で書いたように地方を人と電力の供給地とし、都市の工業地帯で生産・消費するという経済構造によって成し遂げられたものです。この構造的暴力によって、公害問題が発生し、過疎と過密の問題が起こり、都市の繁栄と農村の疲弊という問題が生起したのです。日本の経済成長が良かったか、悪かったかという問題ではありません。しかし、現在もなお私たちが構造的暴力の中にいるという事実を認識することによって初めて、現在が平和な状態ではないのだということに気づき、平和な世の中にするにはどうしたらいいかを考えることができるのではないでしょうか。

高度経済成長によって、日本の産業が発展し、国際競争力が強くなって国民の所得も増えて良かったではないか。東北地方にも原発ができて、雇用が創出されて、関連産業が潤って良かったではないかというご意見もあると思います。

しかし、人間って経済的に潤っていればいいんですかね。私は、人間の尊厳の問題だと思っています。V・E・フランクルは次のように言っています。

「カント以来、ヨーロッパの思索は、人間本来の尊厳についてはっきりした見解を示すことができました。カントその人が定言命法の第二式[3]でつぎのように述べていたからです。『あらゆる物事は価値をもっているが、人間は尊厳を有している。人間は、決して、目的のための手段にされてはならない。』

けれども、もうここ数十年の経済秩序のなかで、労働する人間はたいてい、たんなる手段にされてしまいました。自分の尊厳を奪われて、経済活動のたんなる手段にされてしまいました。……[4]」

人間は、決して、目的のための手段にされてはならないのです。しかし、東北地方の人々は、京浜工業地帯発展の手段にされたと言えないでしょうか。東北地方に限ら

（3）カントは無条件で守らなければならない倫理的原理を定言命法と言いました。定言命法第一は、「汝の意志の格率が、常に同時に普遍的立法の原理となるように行為せよ」というもの。第二の定式は、「自分の利益ばかりを追求して、他人を自分の利益や目的達成のための手段、道具としてのみ扱うことを禁ずる」ものです。第三の定式は、「各人がそれぞれの目的を持って暮らしていることをお互い認知し、配慮しあわなければならない」というものです。貫成人著『カント―わたしはなにを望みうるのか：批判哲学（入門・哲学者シリーズ 3）』青灯社　二〇〇七より。

（4）V・E・フランクル『それでも人生にイエスと言う』山田邦男・松田美佳訳　春秋社　一九九三 pp. 4～5。

ず、工業地帯から離れたところはどこも、大都市の発展の手段とされたと言えないでしょうか。

人間は手段として使われてはならないという観点から、自分の行動を見直すことも必要です。企業では、自分の昇進や栄達のために部下の業績を自分のものにする人がいるという話も聞いたことがあります。研究者の中には、院生の論文を自分の名前で発表する教授もいるという話も聞いたことがあります。私たちも、児童を自分の道具として使うようなことがないように注意することは、意識しておくべきだと思います。教師が児童を何らかの手段として使うということはないと思いますが、教師と児童という立場の違いは大きく、教師の方が強い立場にいるのですから、気をつけておくことは必要だと思います。

PEACE NOTE 68 №35

睡眠時間と構造的暴力 1

（平成二四年二月二〇日）

先日の学校評価自己評価表の検討会について、どんな感想をもちましたか？【学力を付ける】というところでは、日課表の全体的な見直しが必要ということになりました。【豊かな心】では、児童の実態から、自己肯定感をもたせるということについてはクリアできているので、別の目標が必要ということになりました。中学校に行ってから脆さが出る傾向や、低い壁にぶつかってもすぐに泣く子が多いということから、精神的な強さがほしいとか、それも含めて自分の思いを伝えたり、相手の気持ちを慮ったりすることができるというコミュニケーション能力の育成がいいのではないかというような意見が出されました。私たちの取組内容と児童の姿に現れる成果との関係についても意見が出されました。これらのことは、大変重要だと思います。成果が出ていないのであれば、取組を検討しなければなりません。また、十分に達成できたのであれば、目標の変更を検討する必要が出てきます。データをもとに、しっかりと意見を闘わせて、来年度の目標設定や取組指標に生かしていきたいものです。次は、来年度の自己評価表作りを部会でやっていただくことになります。

さて、話は変わりますが、最近、時々学校を休んだり、遅れてきたりする児童についてK先生が睡眠不足ではないかと心配をされています。一月何日だったか忘れましたが、中国新聞の東広島版に広島大学の先生による睡眠の重要性についての講演会が開かれたという記事が載っていました。

私が子どもの頃から大人になる頃まで、日本は高度経済成長期にありました。「モーレツ社員」という言葉が流行語となり、睡眠時間を惜しんで働くことが美徳とされました。高校生は、「四当五落」と言って、五時間寝たら大学入試に合格できないなどと尤もらしく言われたものです。それに伴って、ラジオの深夜放送が始まったり、お店の営業時間が長くなったりし、テレビも夜遅くなると放送が無かったのに二四時間放送されるようになりました。私も中学時代には部品を買ってラジオを作り、深夜放送を聞いたものです。オイルショックの時、一時的に深夜の放送が自粛されましたが、その期間は、長くはなかったように思います。こうして、日本中の夜が浸食されていったように思います。

みなさんも読まれたと思いますが、ちゅーピー子ども新聞第54号（二〇一二年二月①）に睡眠についての特集記事が載っていました。その中に、江戸川大学社会学部の福田一彦教授の「夜更かしせず、休日もあまり寝坊しない子ほど学力が高い」という研究結果を紹介しています。しかし、このデータで保護者を納得させることができますかね？　夜更かしをしている児童の中にも、テレビを見ていたり、ゲームをしていたりして遅く寝る子もいれば、勉強をして遅く寝る子もいるでしょう。勉強をして遅く寝る子と勉強をしないで遅く寝る子の比較データがないと納得させることはできないと思います。しかし、睡眠時間をしっかり取った方が、昼間の頭の働きはいいと思いますよ。

さらに、この子ども新聞の中には次のような記事もあります。「日本人の睡眠時間は、一九六五年の八時間五分から減り続け、二〇一〇年には七時間一四分と一時間近くも短くなっています。」というものです。そして、主な国の睡眠時間の中で韓国に続いて二番目に眠らない国だと伝えています。

この記事が、正しいとすると「子どもの学力を落とす原因となっている睡眠不足は、暴力である。」ということになります。また、日本全体の傾向となると、構造的暴力と言えるのではないでしょうか。

PEACE NOTE 68 No.36

睡眠時間と構造的暴力　2

（平成二四年二月二七日）

前回は、「ちゅーピー子ども新聞」から睡眠の大切さについて紹介をし、睡眠の減少が構造的暴力になっているという指摘をさせてもらいました。「睡眠不足で学力が低下するのだから、睡眠不足にしている親が悪い。」という論理も成り立ちますが、これでは個人的暴力批判で終わってしまいます。保護者を個人的に非難して改めさせようとしても、モグラたたき現象となって問題の解決にはなりません。現代の生活スタイルが構造的暴力になっていることを多くの人々が認識し、子どものために、平和のために、社会全体で取り組む必要のある問題だと思います。「早寝、早起き、朝ごはん」運動も大切な取組だと思います。

さて、今回は、睡眠の重要性について書かれた本があったので紹介します。『間違いだらけの子育て』[5]という本です。その本の第二章に「睡眠を削ってはいけない」(世界のいたる所で、子どもたちの睡眠時間が減っている。睡眠不足は、学力の低下、精神の不安定、ADHD[6]、そして肥満をもたらす。)があります。以下、概要を紹介します。

［わずかな睡眠不足でも影響は大きい］「……子どもの脳は二一歳までは未完成であるうえに、脳の発達はおおむね子どもが眠っている間に進むため、一時間の損失は、大人には決して及ぼすことのない、ねずみ算式に拡大する影響を及ぼすのだ。意外なのは、睡眠が学業成績や情緒の安定のみならず、国際的な肥満の蔓延やADHDの増加などの睡眠とは無縁に思える現象にまで大きくかかわっていることだが、そのあまりの重大さに驚かされる。……」としてテル・アヴィブ大学のアヴィ・サンデー博士の研究を紹介しています。それによると「睡眠時間の一時間の損失は認知の発達と成熟の二学年分の損失に相当する」らしいというものです。また、ブラウン大学のモニーク・ル・ブルジョア博士の研究では、「金曜日と土曜日の晩に就寝時刻を遅らせるだけで、(睡眠時間を削らなくても)この睡眠時間のずれという要因そのものが標準知能検査の成績と相関していると分かった。」と、そして、ミネソタ大学のカイラ・ワーストーム博士の研究では、「成績がA評価の生徒は、B評価の生徒に比べて睡眠時間が

平均一五分長く、B評価の生徒は、C評価の生徒より平均一五分長いという具合に、評価が低くなるにつれて睡眠時間が短くなった。」というのです。

[子どもの脳に睡眠がはたす役割]「……寝不足で疲れ果てた子どもたちが習ったばかりのことを覚えていられないのは、ニューロンが可塑性を失って、記憶を符号化するために必要な新しいシナプス結合を形成できないからである。……授業中に注意散漫になるのは、……寝足りずに疲れていると、衝動調節が困難になって、おもしろそうな気晴らしが目の前にちらつくと勉強のような抽象的な目標は二の次になってしまうのだ。……この二つのメカニズムはいずれも、子どもの日中の学習能力低下につながっていく。……一日の学習量が多いほど、必要な夜間睡眠時間は長くなるわけだ。」

（5）　ポー・ブロンソン、アシュリー・メリーマン『間違いだらけの子育て―子育ての常識を変える10の最新ルール―』小松淳子訳　インターシフト　二〇一一　pp. 39 ~ 59。

（6）　ＡＤＨＤ（注意欠陥多動性障害）は、「集中できない（不注意）」「じっとしていられない（多動・多弁）」「考えるより先に動く（衝動的な行動）」などを特徴とする発達障害で、しつけや育て方が原因ではないと言われています。この本では、はっきりとした研究成果が紹介されていないので、そういう研究もされているという段階かもしれません。現段階では、睡眠不足が原因だとあまりセンセーショナルに扱わない方がいいかもしれません。

と、そして、「脳は日中にもかなりの記憶を統合するが、その記憶が強化・具体化されるのは夜間である。新たな推論と関連が導き出されて、翌日には生きた情報になるのだ。」として、現代の子どもの睡眠時間の減少に警鐘を鳴らしています。

「睡眠不足は肥満につながる」ここでは、イヴ・ヴァン・コーター博士の研究を紹介しています。「睡眠不足は飢餓信号を送るホルモン、グレリンの分泌を増加させる一方で、……食欲を抑制するレプチンを減少させる。睡眠不足はまた、ストレス・ホルモンであるコルチゾールの分泌も増やす。コルチゾールは、脂質合成を促進する。つまり、体に太れと発破をかけるホルモンだ。……本来なら寝入りばなにまとめて大量に分泌されるホルモンは、脂肪の分解に不可欠なホルモンである。」そして、データ的に「睡眠時間の短い子どもは、よく寝た子どもより太っているのだ。」としています。ヒューストンの公立校で行われた調査では、「睡眠時間の一時間減少が肥満の確率を八〇パーセント増大させていたのである。」という結論だったそうです。

この章の最後はこのように締めくくられています。「睡眠は地球の生きとし生けるものすべてにとって生物学的に必要不可欠だ。ところが、人間だけは眠りの誘惑に抵抗しようとする。……疲れたと認めるのは弱さの表れとみなされる—眠気に屈しないことこそ強さの証なのだ。眠るのは意気地なしに任せておけばよい。しかし、私たちはどうも、その強がりがもたらす犠牲に気づいていないようだ。ペンシルベニア大学のデイヴィッド・ディングス博士は成人の夜間睡眠時間を一日六時間に短縮する実験を行った。二週間後、被験者たちは万事順調と答えたが、一連の試験を行ったところ、成績が二四時間一睡もしなかった人並みに落ちていることが分かった。……彼の論文を読んでさえ、こう思いたくなる『判断力は落ちるかもしれないけれど、それほどひどくはないだろう。この私に限って』。私たちは長年睡眠不足とつきあいながら、なんとか暮らしてきた。幾分なれてしまってもいる。だが、相手は発育途上にある子どもの脳だ。それでも、無謀な挑戦を続けさせていこうというのか?」

この本によると、人類全体が睡眠不足という構造的暴力状態に陥っている感じがします。こんな通信を書いている暇があったら寝なくちゃいけませんね。

さて、この本は、次のような章だてになっています。ちょっと刺激的かも。

はじめに　子育て法の多くは逆効果！

第1章　ほめられる子どもは伸びない

第2章　睡眠時間を削ってはいけない

PEACE NOTE69 No.37

ガルトゥングが広島に来た（教育と構造的暴力）

平成二二年八月に広島大学で日本教育学会第69回大会が開催されました。開催されるという記事が新聞に載っていたのですが、その中の公開シンポジュームのところに、なんとヨハン・ガルトゥングが基調提案者として記載されているではありませんか。「あの、平和学の父（創始者と私が思っている）ガルトゥングが来る。……行かなくちゃ。」と思い、その日（八月二二日）、いそいそと広島大学に出かけました。

広島大学教育学部L２０５講義室で、開会を待っていると、講義室の前の方で何やら通訳の打合せのようなことが行われていました。かなりご高齢の、品のいい、でもかなり活発そうなご婦人がガルトゥングの通訳をするようです。開会後、紹介されたのですが、そのご婦人がガルトゥングの奥さんだったのです。奥さんは日本人だったのです。ガルトゥングは、日本と深い関係があったんですね。びっくり……でした。

ガルトゥングの基調提案は、紛争をどう解決するかという消極的平和論や構造的平和を創るという積極的平和論の提唱でした。二〇年前に私が出会った暴力論から随分進んだ感じで、時の経過を感じてしまいました。そして、彼が研究者としてだけでなく、紛争解決のために実践者として行動していることに感動しました。しかし、一方で広島県の教育現場で、暴力論が語られるのを聞いたことは無く……というか、平和教育について語られることすら少なくなってきていると思うと残念でなりませんでした。

三人のシンポジストの発表の後、質問を出すよう促されたので私も提出しました。自分でもよく覚えていないのですが、「教育の現場では、暴力論が語られることは無く、教育のもつ構造的暴力について自覚することもできていないが、どうしたらいいか。」というようなことを書いたのではないかと思います。和光大学のいとうたけひこ先生だったと思うのですが、「意識している人が徐々に広めていくしか無いのでは。」というような回答をくださったように覚えています。その時私は、手を挙げて次のような意見を述べました。「教育現場の先生たちは、本当に真摯に寸暇を惜しんで教育に取り組んでいる。それにもかかわらず、未来に夢がもてなかったり、勉強が嫌いで家庭では学習をほとんどしなかったりという子どもがたくさんいる。ここに構造的暴力の存在を感じる。」と。すると、ガルトゥングが「日本の子どもたちが夢や希望をもてないでいることは大きな課題だと思う。」というような意見を述べてくれました。

このシンポジュームに参加して得ることができたのは、次のようなことです。

○ 平和教育が、教育理論、教育内容、教育方法などに分類されて多角的に研究されるようになっていること。

○ 紛争解決の基本的な手法は同じで、その手法の教育者への教育や子どもへの教育が実践されつつあるということ。（ガルトゥングは、これを「SABONAプロジェクト」と呼んでいました。）

私自身、興味を掻き立てられるシンポジュームではありましたが、あれから二年、SABONAについて調べることも、研究会に参加することもできていません。しかし、私にできることは、みなさんに平和教育を暴力論の視点で見直すことの重要性をお伝えすることだと思っています。自らの教育実践を平和教育理論と照らし合わせて検証し、反省し、より平和的な教育実践が広がることを願っています。

これまでの平和教育の限界と衰退 1

私が、「暴力論」だの「構造的暴力」だのという平和学の理論を持ち出すのには理由があります。これまで私が感じていた平和教育の課題を平和学が解決してくれると考えるからです。その私が感じていた課題を二つ挙げます。

課題1：広島の平和教育が政党を背景にもつ平和運動との繋がりの中で行われてきたことによる限界を感じていたということ。

課題2：今までの平和教育が、過去の戦争や現在の戦争や紛争についての教育内容を中心としていて、今の子どもたちの平和的あり方という視点が希薄だということ。

一つ目の課題について……広島の平和教育は、広島県教職員組合(7)がその母体となって設立された広島平和教育研究所(8)が中心となって行われていました。私も平和教育研究所が作成した副読本「ひろしま」や「平和教育カリキュラム（試案）」などを参考に授業をしたことがあります。研究所に行って資料を見せてもらったり映画フィルムなどの視聴覚教材を借りたりしたこともあります。しかし、平和教育研究所は、内と外から大きなダメージを受けることになります。

内からのダメージとは、教職員組合が日本教職員組合と全日本教職員組合に分裂[9]したことによるものです。広島県の教職員組合もそれに従って、広教組と全教広島に分裂しました。この分裂によって、平和教育研究所の活動も大きなダメージを受けたと思います。分裂直前の地区集会に参加したことがありますが、同じ教職員同士、同じ組合員同士とは思えない罵詈雑言の応酬で、うんざりしたのを覚えています。「『教え子を戦場に送るな』というスローガンで一致して平和教育をしてきた仲間だったでしょう。」と言いたかったですが、言えませんでした。聞く耳をもたないという雰囲

（7）法律的には、労働組合としての教職員組合は存在しません。公務員の労働基本権は、その地位の特殊性と公共性により、団体交渉権や団体行動権が制約されているからで、職員団体と定義されています。
（8）広島平和教育研究所は一九七二年設立。
（9）一九九一（平成三）年。

気でしたし、分裂は、周到に準備され、もう既成事実となっていたのです。この分裂は、日本の反核・平和団体が、設立から約一〇年で共産党系の原水爆禁止日本協議会（原水協）と社会党系の原水爆禁止日本国民会議（原水禁）に分裂し、そのまま今日に続いていることと無関係ではありません。日本の平和運動は、当初から政党の論理を背景に統一できず、東西冷戦構造が崩壊した現在に至ってなお統一できないでいるのです。平和教育もその平和運動の延長線上にあったため進化、発展することができなかったと私は思っています。

外からのダメージとは、広島県教育委員会との関係によるものです。平成一〇年、広島県教育委員会は、文部省（当時）から是正指導を受けました。是正内容の一つが、「政治的中立性の確保」です。教職員団体等への妥協により教育の政治的中立性が確保されていないから是正しなさいということです。この是正によって、広島県教育委員会と教職員組合との関係が遠くなりました。そして、学校と平和教育研究所との関係も遠くなりました。平和教育研究所が作っていた平和カレンダーや夏休み帳や副読本が学校から姿を消しました。平和教育研究所が作った「平和教育カリキュラム（試案）」の存在すら、若い先生方は知らないのではないでしょうか。公教育の中に、政党系教職員組合を背景とした平和教育を持ち込むことにはやはり限界があったのだと思います。

こうして、広島県の平和教育は衰退していったと私は感じています。しかし、今まで行われてきた平和教育が組合がらみだったからといって、作られた教材資料を使ってはならないというところまでいくと、そこに構造的暴力性を感じてしまいます。だれが作ったから良い、悪いではなく、内容が本当に適切か適切でないかで判断すべきだと思います。

私が教員になった一九八〇年代には、明治図書から『季刊平和教育』という季刊誌が出ていました。それくらい平和教育に対する関心が強かったのだと思います。しかし、その『季刊平和教育』も年四回の季刊誌から年二回の季刊誌となり、出版社が変わり、そしてとうとう姿を消したのです。

教育雑誌にもいろいろありますね。『教育学研究』『国民教育』『生活教育（カリキュラム）』『教育』『歴史地理教育』『考える子ども』『現代教育科学』等々。古いですか。

私は、二〇年も前になるのですが、これらの教育雑誌にどれくらい平和教育に関する記事があるかを調査したことがあります。その結果わかったのは、ほとんどの記事が平和教育実践だということです。戦争の非人道性や悲惨さをどのように教えたか。児童・生徒が地域の空襲や戦時中のくらしの様子をどのように調べたかといった内容や国際理解教育の実践例などです。それぞれすばらしい実践です。参考になるところは多々ありますから、できたら参考にしてほしいと思います[10]。

しかし、それぞれの教育団体が「平和」や「平和教育」をどのように捉えているのかよくわかりません。それは、平和を理論的に考察した記事がほとんど無いからです。それから、物足りないのは、それぞれの教育団体同士の論争が無いということです。戦後すぐの頃には、経験主義と系統主義の論争など、教育誌上で論争が行われていたようです。

そこで次の課題が出てきます。平和教育というと戦争・紛争を扱うものという捉え方に偏っていないかということです。今の子どもたちの中にある平和でない状態を認識し、解決を図ろうとする教育も平和教育だという視点をもつことが必要だと思うのです。

ところで、みなさんは教育雑誌や総合雑誌を読んでいますか?　教育雑誌だと『教育技術○年生』だけではありませんか。『教育技術○年生』も大変参考になる雑誌で、私もずいぶんお世話になりましたが、技術ばかりでは、教師としての軸と言いますか、信念と言いますかそんなものができないのではないかと思います。総合雑誌となるとどんどん無くなって読んでいる人はほとんどいないのではないかと思いますが、視野を広げるにはいいと思います。いろいろな本を読み、いろいろな人と話して、論争して教師としての軸をもってほしいと思います。

しかし、雑誌を読むような余裕も無いというのが現実かもしれませんね。この担任の余裕の無さが教育に与える影響というものも考えなければなりません。余裕の無い現実が教師の成長を阻んでいるとしたら、これも構造的暴力と考えることができます。教師自身が平和ではないのです。そんな自覚がありますか?

(10) 久保正彦修士論文『平和研究の視点からみた戦後日本の教育政策』一九九二 付録資料参照。repository.hyogo-u.ac.jp/dspace/bitstream/10132/2775/

PEACE NOTE 69 No.39

これまでの平和教育の限界と衰退　2

私が感じていた平和教育の課題の一つとして、政党を背景とした教職員組合が推進してきた平和教育の限界を挙げました。そして、その平和教育が衰退した経緯も述べました。では、広島県教育委員会が教職員組合に代わって平和教育を推進しているかというとそうでもありません。広島県教育委員会が、『広島県教育資料』という冊子を作成しています。毎年改訂されるので、広島県内のほとんどの先生方が毎年購入していると思います。毎年改訂されるのは、新しい教育改革の情報を知らせるためでしょう。従って、広島県教育委員会のその年重点にしていることが、わかるようになっています。重点項目は、前の方のページに書かれていたり、内容が大きく改定されてページ数が増えていたりすることでわかります。

さて、『広島県教育資料』の中の、「平和教育」という項目はと言いますと、末尾に掲載される資料は別にして、毎年、最後から二項目目位が定位置です。それは、それまで教職員組合が中心になって行ってきた平和教育と一線を画したいからだと思います。しかし、内容的には、是正前の平和教育とそんなに大きく変わっているわけではないし、毎年同じような表記なので目立たないところに置いているのではないでしょうか。これは、あくまでも平和教育を重視したい私の感想ですが……。

その点、広島市は違います。独自の平和教育資料を作っていますし、平和教育カリキュラムも作っています。さすがに直接原爆の被害を受けた学校が多い都市ですし、世界の多くの人々が知っている平和都市ですから、平和教育に力を入れていることがわかります。

ところで、Y小学校の校務分掌の中に「平和教育部」というような平和教育に関する分掌はありません。平和教育は教務部が担当して行っています。二十数年前に私が勤務していた安芸郡の小学校には、平和教育部がありました。そこで、各教科・領域の中で扱う平和教育に関する教材や題材をリストアップして、各学年で年間計画を作成したり、学年の発達段階に即した平和教育教材を選定し、年間計画の中に入れてもらったりという活動をしていました。私が部長になった時には、「記念日指導」を始めました。五月の憲法記念日、六月の沖縄慰霊の日、八月のヒロシマ・ナガサキ原爆の日、……などについて当日、あるいはできるだけ近い日の給食時間に易しい言葉で解説放送をするというものです。

　私が勤務した江田島町[11]、呉市、東広島市で校務分掌の中に「平和教育」を明記している学校は、私の知っている範囲では、存在しません。学校要覧の中にもありませんし、平和教育年間指導計画を作成している学校にも出会ったことはありません。広島県教育委員会が作成している『広島県教育資料』の中に、「年間指導計画を立案し……」と書かれているにもかかわらずです。教育事務所の計画訪問で必要な書類の中に「平和教育年間指導計画」というのは、ありませんからね。平和教育が、ずいぶん衰退してきていると私は思います。

　平和教育について、単純に「二十数年前の方が良かった。」とは言えません。例えば、当時私の勤務していた小学校では、平和教育は、人権教育の一部という位置づけでした。私は、「それは、おかしいんじゃないですか？　人権は平和概念の一部だと思うのですが……。」と職員会議で発言したのですが、「本校は、同和教育を基底とした教育を行っているのでこれでいいんです。」と言われ、それ以上は相手にしてもらえませんでした。常により正しいあり方を追求する姿勢は忘れたくないものです。

（11）当時は、安芸郡江田島町でした。その後、平成の大合併時に、安芸郡江田島町、佐伯郡能美町、佐伯郡大柿町、佐伯郡沖美町が合併して江田島市になりました。

PEACE NOTE 69 No.40

今の平和についても考えよう

平和教育の課題の二つ目は、今までの平和教育が過去の戦争や現在の戦争や紛争についての教育内容を中心としていて、今の子どもたち自身の平和的あり方という視点が希薄だという点です。

みなさんは、「平和教育」というと、どんな教育をイメージしますか? 国語科の教科書に載っている「ちいちゃんのかげおくり」や「一つの花」「石うすの歌」「美しい村」などの読解を通して戦争の悲惨さを理解させたり、戦争について考えさせたりすること。社会科の歴史学習の中で戦争の被害や加害について理解させたり、考えさせたりすること。平和公園や平和記念資料館の見学を通して原爆被爆の悲惨さを知らせることなど。付け足すなら、国際理解教育を通して自国、他国を大切にすることの重要性を理解させること、などでしょうか。これらのことが重要であるのは、言うまでもありません。特に、戦争体験や被爆体験の継承については、時間がありませんから、今取り組んでおくことが重要です。体験者が高齢となっているからです。児童が曾祖父、曾祖母から直接体験を聞ける割合は確実に減ってきているでしょう。直接聞けた児童は、本当に貴重な体験をしたことになりますが、直接には聞けない児童も多いはずです。それゆえに、教室に語り部を招いて体験を聞く取組をしてほしいと思います。一方で、視聴覚資料として残しておくという方法がとられています。戦争・被爆体験の風化をさせない努力ですね。しかし、この視聴覚資料を知って使える若い教師がどれだけいるでしょうか。若い教師への平和教育研修も重要となってきます。

これからの平和教育には、このような今まで行われてきた平和教育を大切にしつつも、さらに「今の日本の社会は平和でしょうか？　子どもたちは平和でしょうか？」という視点をもった取組が必要だと思います。今の自分たちの平和をどう作り出すかという学習が無ければ、当事者意識をもった平和教育にはならないでしょう。

「今の私たちの平和」を視点に入れていないということが、今までの平和教育の限界だと私は感じています。みなさんは、現在の日本が平和だと思いますか。子どもたちが、平和に暮らしていると思いますか？　決してそうは思えないでしょう。これに向き合うのがこれからの平和教育です。

私がこれまでの平和教育の課題と感じていることを二点述べましたが、これらの課題を解決してくれるのが平和学を基にした平和教育です。

平和学は、多くの人が納得できる平和の定義から出発します。ヨハン・ガルトゥングの平和の定義が出る前は、平和は学問の対象になりませんでした。それぞれ人によって平和の捉え方が違っているからです。ヨハン・ガルトゥングの平和の定義以降、平和学が成立し、世界の大学で平和学の講義が実施されています。世界の共通認識となったのです。ですから、平和学を基にした平和教育は、〇〇党系か△△党系かと言った平和運動の呪縛から解放されているのです。これで、第一の課題がクリアできました。

次に、ヨハン・ガルトゥングの平和の定義は、暴力を対象としていますから、過去の戦争だけでなく、現在のあらゆる暴力を対象とします。学校の中の児童間の暴力や児童を取り巻く構造的暴力も対象となります。これで、第二の課題もクリアできました。

こうして、平和学を基にした平和教育への転換をすることによって、今までとは全く違った地平の平和教育観が生まれてきます。現在存在する暴力に気づき、その暴力を無くしたり軽減したりする方法を考え、実行することも平和教育になるのです。日々の教育実践の全てが平和教育となるのです。

PEACE NOTE 69 No.41

教育亡国

我が家の私の書棚は、もう何年もどんどん「積ん読」になっています。先日、「不要な本は処分しよう。」と見回して最初に「これは要らない。」と手にしたのは、『教頭・副校長[12]』という本でした。「全国公立学校教頭会五十周年誌」と副題が付けられています。編集した教頭先生方には申し訳ないのですが、これを送られた時には、「挨拶だの年表だの……お金がかかっただろうなあ。ハードカバーの立派な本なのに……。」と、ろくに中も見ないで本棚に積んでいたのです。何気なくパラッと開いたページの一語に目が留まりました。「『教育亡国』二十五年後[13]」……ちょっと長くなるかもしれませんが、本文の一部を引用します。

「一九八三年八月、林竹二は『教育亡国』を出版した。その表紙と序文には次のような文章が記されていた。

『改めてわれわれは問うてみなければならない。

日本に、教育はあるのか？

明白に、いまの日本に教育はない。

日本は「無教育の国」になってしまっているのである。……

日本の教育をとらえている「病い」――放置しておけば、それは民族の死に至る病いだ――の症状にさぐりを入れてみたいと思うのである。……』（林竹二『教育亡国』筑摩書房）

それから二十五年以上経った現在、事態は改善されるどころか、ますます深刻

（12）全国公立学校教頭会五十周年記念誌編集委員会編『教頭・副校長―全国公立学校教頭会五十周年記念誌―』全国公立学校教頭会　二〇一〇。
（13）同前書 p.150　上野健爾「私塾の勧め」（上野健爾：京都大学名誉教授、四日市大学関孝和数学研究所所長）

になっている。……

現在の子どもたちの一番の問題は、学びに感動が無くなってしまったことである。……分からないことは先生にすぐに教えてもらう、解けない問題は、巻末の答えを暗記するといった「勉強法」が蔓延している。ひたすら口を開けて先生に教えてもらうことを待つことに慣れてしまっている大学生を見るのは苦痛である。……

なぜ、このような恐ろしい現実が生じたのか。情報が瞬時に行き交う社会においてはすぐに結果が出ることが求められる。こうした社会風潮に教育ががんじがらめに取り込まれてしまっている。……林竹二が嘆いたように、有名校への進学実績が教育の成果とする日本の社会の風潮に教育が負けてしまい、『学校に入る』ことだけに教育が特化してしまっている。その結果、テストでよい点数をとるための訓練が重視されるようになってしまって、真に学ぶことが忘れ去られてしまっている。(14)」

「……教育は未来を切り開く力を持った未来の大人を育てる行為である。教育無くして未来はない。ところが、現在の日本は……教育の本来持つべき役割に対してあまりに無頓着である。……テストの成績ではなく、本当に内容を理解できているか否かを見きわめる教育が必要になる。このような志を持った教育ができるためには何が必要であろうか。林竹二は次のように指摘している。

『教師にとって一番大事な能力というのは、うまく教えるということではなくて、いかに深く柔軟に学ぶことができるかということです。学ぶということは、自分を何度でもつくりなおすということです。自分を絶えずつくりなおさなければ、ほんとうに子供に向きあうことはできません。』（林竹二『林竹二著作集一〇』筑摩書房 p.239）[15]」

林竹二先生は『教育亡国』を出版された時点ですでに、日本に教育は無いと指摘されたわけですが、その後、一段とこの傾向はひどくなったと、私もこの文章を書かれた上野健爾先生と同様に感じています。

（14）同（12）全国公立学校教頭会五十周年記念誌編集委員会編 pp. 150～151。
（15）同前書 p. 154。

PEACE NOTE 69 No.42

林竹二と平和教育

「明白に、今の日本に教育はない。」……強烈ですね。「私たちがやってきたのは教育でなかったら、何なの。」と言いたくなります。でも、「三〇年前と今は、違います。ちゃんと教育になっています。」と胸を張って言えますか？「テストでよい点数をとるための訓練が重視されるようになってしまって、真に学ぶことが忘れ去られ……」ていませんか？

林竹二先生の言いたかったことをもう少し知りたいと思って「積ん読」の本棚を見回していると一冊、林竹二著『教えるということ』という本が見つかりました。その一部をまた引用します。

「授業とは、何か決まったことを教えることではない。ある教材を文字通り『材料』にして、子どもにできるだけふかく、きびしい学習を組織する営みである。子どもは、教師と一緒にするきびしい追求をたのしいと感ずる。『時間のたつのもわすれて』『夢中になる』のである。それは、子どものもっている無限の可能性を引き出す仕事である。子どものもつ可能性は地底ふかくしまいこまれているあらがねである。それを掘り出し、精錬する作業を、教師は引き受けている。教師がその仕事を引き受けなければ、子どものもつ無限の可能性は埋もれたままになる。それは、子どもを歪め、殺すことにつながる。[16]」

これを読んで「はっ」とし、ヨハン・ガルトゥングの平和の定義が頭に浮かびました。彼は、「平和」を「暴力の不在」と定義し、暴力のあり方を次のように説明しました。「ある人にたいして影響力が行使された結果、彼が現実に肉体的、精神的に実現しえたものが、彼のもつ潜在的実現可能性を下まわった場合、そこには暴力が存在

(16) 林竹二『教えるということ』国土社 一九八三 p.170。

する。」[17]と。

平和と暴力の定義を教育に置き換えると「教師が児童・生徒に対して授業などの教育活動をした結果、児童が現実に実現し得た学習成果が、児童の潜在的実現可能性を下回った場合、そこには暴力が存在する。」となります。林竹二先生の文章と組み合わせると、私には次のように読めます。

「教師の仕事は、子どものもっている無限の可能性を引き出す仕事である。教師が子どもの実現可能性を下回って引き出し、可能性を埋もれたままにした場合、それは、子どもを歪め、殺すことにつながることであり、そこに暴力が存在する。」

林竹二先生は、子どもの可能性を引き出すには、子ども自身が夢中になって追求することが必要であり、授業で決まったことを教えることでは、できないと言っているのです。教科書の内容を効率よく理解させ、知識にさせ、その知識量をテストで計るという授業は、教育にとって最も大切な、自ら学習したいという意欲を無くし、可能性をつみ取る暴力的な授業だということです。その結果、学びに感動せず、正答だけを求め、「ひたすら口を開けて先生に教えてもらうことを待つ[18]」学生が育っているのです。「明白に、今の日本に教育はない。」とは、日本の教育が暴力的な教育になっていて、平和的な教育になっていないということだと読み替えてもいいと思います。平和学の視点から見ると、林竹二先生は、平和教育論を述べておられるのです。

ところで、今、私たちが取り組んでいる教育は、果たして平和的な教育になっているでしょうか。

(17) ヨハン・ガルトゥング『構造的暴力と平和』高柳先男・塩谷保・酒井由美子訳　中央大学出版部　一九九一。

(18) 上野健爾「私塾の勧め」全国公立学校教頭会五十周年記念誌編集委員会編『教頭・副校長―全国公立学校教頭会五十周年記念誌―』全国公立学校教頭会　二〇一〇　p.151。

PEACE NOTE 69 No.43

平和教育と平和的教育

林竹二先生が「教育亡国」を唱え、上野健爾先生が「ますます深刻になっている」と嘆いている日本の教育ですが、私はそれを、日本の教育は平和的でなく暴力的教育になっていると読み替えました。日本の平和教育の課題の二つ目に、今の子どもたち自身の平和的あり方という視点が希薄だという点を№40で挙げましたが、それ以前に今日の日本の教育のあり方そのものが平和的ではないという結論に達してしまいました。私は、子どもたちに対して平和教育をするという以前に私たちの行っている教育が平和的でなければならないと思うのです。子どもたちに対して、暴力的に平和を教えるなんて、自己矛盾でしょう。

みなさんは自分たちの行っている教育が暴力的だなんて思っていないでしょう。体罰なんて一切できない？　ご時世になっているのですから暴力的教育なんてしてないですよね。でも、これまで述べてきたように児童の学習に対する意欲を最大限に伸ばしているかという視点に立つとどうでしょう。ちょっと自信が無くなりませんか。日本の教育が平和的でないということは、先生方一人ひとりが暴力的であるということではありません。日本の教育システム全体が暴力的な傾向に陥っているということですから、まさに構造的暴力と言えると思います。

広島大学で行われた日本教育学会第69回大会で私が質問したのは、（№37参照）まさにこのことなのです。「先生方一人ひとりは本当に献身的に児童一人ひとりの成長を願い教育実践をしています。でも、私たちの教育が構造的暴力に陥っているのではないかということは全く話題にならない。どうしたらいいのか。」という質問です。私たちの教育が、本当に児童・生徒一人ひとりの可能性を最大限に発揮させる教育になっているかという振り返りも検証もなされていないというのが現状ではないでしょうか。

私は、日本の教育が構造的暴力の中にあって、私たちも平和的でない暴力的な教育をしているという自覚をもつことが大切だと考えています。それだけで、ずいぶん授業が変わってくると思うからです。

例えば、教科書を教える授業になっていませんか。教科書を読んで、わからないところを質問させて、わかる児童に答えさせて、「わかりましたか。」「はい、わかりました。」という授業は、教科書を教える授業です。児童は、口を開けて待っている、または口を開けなさいと言って開けさせ、食べ物を与える。「硬くて食べられない。」と言えば流動食を与えるという方法です。研究授業では、教科書に書かれていることをいかに効率的に教えるかということについてばかり協議していませんか。

そうではなくて、「どうしてだろう。」と疑問をもって自ら取り組むような授業、児童・生徒同士が、討論しながら考えを深めたり変えたりするような授業をしなければ、学ぶ意欲をもった児童・生徒は育たないでしょう。研究授業では、子どもたちがどれだけ目を輝かせて真剣に考えていたか、悩んでいたか、考えを深めていったかということを問題にし、そうさせるためにどんな手だてが必要かということを協議するべきでしょう。

どんなに一生懸命、献身的に教えていても暴力的になっているということはあるのだと思います。先日テレビを見ていたら、東日本大震災を機に日本に帰化したドナルド・キーンさんと瀬戸内寂聴さんの対談の番組を放送していました。その中でキーンさんがこんなことを言っていました。

「日本の高等学校古文の授業は、ほとんど犯罪行為です。文法を細かく教えて、文学を教えていない。何のための古文かというと、試験のためでしょう。試験が終わったら何も残らない。源氏物語は、世界中で翻訳され読まれているというのに、日本では読もうとする学生もでてこない。[19]」

ビデオに撮っていないので、正確にこのように言われたか確かめることはできませんが、大筋このような内容でした。古文の授業で、文法を教えて文学を教えないのは犯罪だというのです。まさにその通りだと思います。私の高等学校時代も文法を教えて文学を教えていませんでした。今でもそうなのでしょうか。もし言われる通りなら、半世紀近く進歩していないと思います。もしかして、このことは古文に限らず全ての教科がそれに近い状況になっているのではないでしょうか。

(19) ＢＳ・ＴＢＳ『Ｄキーン×瀬戸内寂聴〝ニッポン不易流行〟』二〇一三・一二・二九、19：00～放送。

二〇年近く前になりますが、我が子の参観日に中学校社会科の授業を見たことがあります。先生が質問をします。だれも答えません。「それは、〇〇ですね。」と先生が自ら答えを言って板書する。「教科書のここに書いてあります。〇〇君読んでください。」その生徒が読むと、「ゴシックで書いてある言葉がキーワードです。」と言って試験に出すことを暗示する、というような授業でした。私の中学校時代の教え方とほとんど変わっていないことに暗澹たる思いをしたことが思い出されます。

こんな授業を繰り返していたのでは、学校は暴力的だと言われても仕方ありません。

とはいえ、年間指導計画が作られ、この単元をいつ教えるかを公開し、週案に落としてそれを管理職がチェックするという態勢の中で、児童に考えを深めさせる授業をするような余裕は無いというのが本音という教師も多いのではないでしょうか。児童を行く先のわからない列車に素早く乗せ、静かに座らせ、食べやすい食事をおいしく食べさせ、予定時刻に教師の目的地に運ぶという教育方法は、暴力的だと思います。そのことを教師がまず自覚することが大切だと思います。

PEACE NOTE 69 No.44

平和的教育へ

自分たちの行っている授業が暴力的になっているということを自覚したとして、では、どうすれば平和的な授業に近づけるのでしょう。

まずできることは、授業の中に児童・生徒が自分なりの考えをもち、表現できるような時間を作ることです。社会科の授業であれば、教科書や資料について理解をさせ、「分かりましたか。」で終わるのではなく、「何故こうなったのでしょう。」とか「あなただったらどう考えますか。」とか「どうしたらいいと思いますか。」と問いかけるのです。そして、その問いについて友達と話し合う。時間が無いのであれば残りの五分でいいから自分の考えを書かせることです。さらに、それを掲示するとか、教師の評価を返すという活動もほしいところです。

教科書や資料を読み取ることが社会科ではありません。読み取ったこと（見えること）から物事の本質や決まりや人の生き方・あり方（見えないこと）を見つけ出すのが社会科です。教科書や資料に書かれている知識を読み取ることで終わっていませんか。それは、社会科ではありません。そこから社会科が始まるのです。それをしないで、理解させるところで止まってテストで評価するとなると、児童の多くは「社会科は覚えにゃいけんけえ、嫌いよ。」と言うようになります。記憶力のいい子の得意科目となり、覚えるのが苦手な子は、嫌いな科目となります。そして、格差がどんどん出てきます。記憶重視の勉強は面白くありません。これは、やはり児童に対する暴力でしょう。ですから、理解できた範囲の中で、自分なりの考えを表現させ、それをとにかくプラス評価してやることを継続することによって自分で考えることの楽しさを体験させてやることが平和的教育への第一歩です。

考えさせる授業をするということは、私が初任の頃には既に行われ、あるいは目指されていました。考えさせる発問をし、児童同士が意見を闘わせ、自分の考えを書き、それをみんなで読んだり、教師の評価を返したりするといった方法は、先輩から教わった方法です。「教えることと考えさせることを区別しなさい。」「考えさせることは絞って一つにしなさい。」「考える材料となる資料が無いじゃないか。」「教えることをきちんとしていないから考えが深まらないんだ。」等々よく言われたものです。

　ところが、ＯＥＣＤのＰＩＳＡ学力テストの結果、日本の順位が落ちたことに端を発して「学力低下」論争が起こり、ゆとり教育批判に発展し、全国学力・学習状況調査が実施されるようになり、基礎学力を付けることが叫ばれ、県・市町でも独自の学力テストが行われ、ほとんどの学校の研究教科が、算数と国語になるという流れの中で、授業の中で考えさせるということがどんどん忘れ去られているような気がしてならないのです。

「いえ、いえ、そんなことはないでしょう。テストの中に思考力・表現力を問う問題が重視され、それに対応するような授業をするよう授業改善を目指しているではないですか。」と言われるかもしれません。でも、違うような気がするんですよね。思考力を問う問題ができていなかった。その問題を解くには、こうしたらいいんだよと教える。似たような問題の練習をする。できるようになったね。よかったね。そして、次のテストで点数が向上した。これでは、受験対策としての「ＨＯＷ　ＴＯ」を教えているだけではありませんか。受験問題の傾向と対策を教える塾と同じになってしまいます。児童は、依然として先生が教えてくれるのを待つ、受け身の姿勢から脱却することはできません。学校の中だけで通用する思考力は伸びるでしょうが、自分の人生を切り開いていく思考力は伸びないのではないでしょうか。平和的な教育からどんどん離れているような気がしてなりません。

PEACE NOTE 69 No.45

問題は「学びからの逃走」

ＰＩＳＡ学力調査による日本の順位転落から「ＰＩＳＡ型学力」という言葉が教育界に飛び交い、学力低下が叫ばれ、基礎学力の向上が目指され、「読み、書き、そろばん」が重視され、ドリル学習……そして、いつの間にか「ＰＩＳＡ型学力」が忘れ去られているような気がします。

四年前、東京大学の佐藤学先生が雑誌にＰＩＳＡ学力調査と国際教育到達度評価学会（ＩＥＡ）のＴＩＭＳＳ調査の結果をふまえて日本の教育の現状に警鐘を鳴らされました。

佐藤先生は、ＰＩＳＡにおいてトップを獲得したフィンランドとＴＩＭＳＳにおいてトップを獲得したシンガポールとを対比して日本の教育が進むべき方向について次のように述べています。

「シンガポールは、……『効率性教育』による急速な産業化を達成し、現在はグローバリゼーションに対応して競争主義の『能力教育』を推進している。その改革の特徴は国益最優先による強力な国家主導によって子ども、教師、親を能力競争に巻き込み、目標の管理と結果の評価による効率的学校経営を徹底させているところにある。……他方、フィンランドは一九七〇年代以降シンガポールとは逆に、競争と選別を排除して教育の『平等』を徹底することによって、世界トップ水準の教育の『質』を実現してきた。……国家主導と国益中心で新保守主義と新自由主義を徹底させているシンガポールの教育改革と、社会民主主義の政治哲学と教育政策によって『平等』と『質』の双方を追求しているフィンランドの教育改革とは、その政治哲学と教育政策において逆方向を向いている。この全く逆方向の改革を推進している二つの国が、PISAとTIMSSのそれぞれで世界一の学力水準を達成しているのである。日本の教育改革は、どちらの政治哲学と教育政策をモデルとすべきだろうか。[20]」

そして、シンガポールの教育は日本と同じように「学びからの逃走」という壁に直面しており、受験競争の過剰によるストレスが子どもを精神的に疲弊させていると。佐藤先生は、日本の学生の学力低下は事実として受け止めなければならないが、それ以上に深刻なのは、先生が言うところの子どもたちの「学びからの逃走」にあるとし、ランキングばかりをセンセーショナルに取り上げることによって一層問題が深刻になっていると憂慮しているのです。

「二つの国際学力調査の報告は、私が繰り返し指摘してきた『学びからの逃走』が子どもたちの中に一層深く浸透している事態を示している。校外の学習時間は世界で最低であり、日本の子どもは学年を追うごとに、自己と社会の未来への希望を失っている。この『学びからの逃走』は高校でピークに達し、約四割の高校生は校外の学習時間がゼロである。……日本の教育が陥っている危機は、ランキングの変化に示される『学力低下』というような表層的な危機ではない。……日

(20) 佐藤学「劣化する学校教育をどう改革するか—上すべりの『学力低下』論はもうやめよう」『世界』岩波書店 二〇〇五年五月号 pp.111 ~ 113。

本の教育が陥っている危機は『学力ランキング』とは比較にならないほど深刻な学校教育の劣化であり、子どもと教師の苦悩と絶望において表現されている日本社会全体の学びと知性と教養の危機である。[21]」

今、日本が進んでいるのは、シンガポールと同じ路線ではないでしょうか。文部科学省が進めている「生きる力」を育む教育を本気で目指すのであれば、全国学力・学習状況調査の通過率を上げるためにドリルとテストの繰り返しに重点を置く教育は見直しが必要でしょう。

基礎は深いい

四年前に佐藤学先生が憂慮されたことが今も続いているように思われてなりません。それにしても、京都大学の上野先生が林竹二先生の『教育亡国』を引用した上で「テストでよい点数をとるための訓練が重視されるようになってしまって、真に学ぶことが忘れ去られてしまっている。[22]」と嘆かれている内容と同じだと思いませんか。佐藤先生が言われる「学びからの逃走」を起こしている現在の教育のあり方は、子どもの学びの可能性を阻害しているという意味で暴力的教育と言わざるを得ません。

前号で佐藤学先生の文章を引用しましたが、同じ雑誌に埼玉大学の岩川直樹先生がP

（21） 佐藤学前掲書 pp.119 ～ 120。

（22） 上野健爾「私塾の勧め」全国公立学校教頭会五十周年記念誌編集委員会編　前掲書　p151。

ＩＳＡの学力観と日本で現在一般的にもたれている学力観の違いについて書かれているのでまたまた引用したいと思います。

「小学校一年生で、『あ』という文字を教えるとき、それをひたすら反復練習させる学校知のトレーニングが基礎なのではない。むしろ、『あ』のつくものって何がある？　という教師の問いかけに、子どもたちがそれぞれの生活世界から繰り出す『あり』『あめ』『あたま』『あした』『あんぱんまん』といった生きたことばのなかに、『あ』という文字の学びが息づくことこそが基礎なのである。同様に、かけ算でも九九の反復練習に終始することだけが基礎なのではなく、身近なところに二つずつや三つずつ存在するものを学びながら、同じ数のものが集まったときはじめて成り立つかけ算の本質に親しむことが基礎なのである。そういう『あ』の学びや『かけ算』の学びは『応用』と言うより『基礎の学び方』の問題であり、それらはいずれもＰＩＳＡのいうリテラシーに相当する。人間の学びは脱文脈的・記号操作的・認知主義的なものから始めなければならないのではなく、むしろその出発点において文脈的・参加的・包括的であることが人間的・市民的成熟の土台を形成する。その意味では、基礎こそ深いのだという発想の転換が必要なのだと言っていい。どんな学問や芸術の分野でも、それを本格的に追求した人間こそ、子どもたちとその基礎の深さを学ぶことができるものだ。[23]」

ＰＩＳＡの目指す基礎学力は、文脈的・参加的・包括的であるのに対して、日本の教育がつけようとしている基礎学力は、脱文脈的・記号操作的・認知主義的なものだというのです。確かに、児童の生活とは関係のない問題を出し、記号操作をして正解を導き、わかりましたかという教育が多くなっているような気がします。「これは、大事なんだから、繰り返しやって覚えなさい。」「繰り返しの勉強は苦しいかもしれないけど基礎をしっかりやっておけばわかるようになるんだから頑張りなさい。」ということが多くありませんか。

しかし、教科書に書いてある事柄や問題の解き方を教え、繰り返し練習し、覚えさせるという方法はある意味で簡単なのだと思います。岩川先生が言われるように「ど

(23) 岩川直樹「誤読／誤用されるＰＩＳＡ報告―人生をつくり、社会に参加する力が問われている」『世界』岩波書店　二〇〇五年五月号　pp.125 ~ 126。

んな学問や芸術の分野でも、それを本格的に追求した人間こそ、子どもたちとその基礎の深さを学ぶことができる」とすると、小学校教員は、全教科・領域についても本格的に深い基礎を追求する必要が出てきます。これは、大変なことですし厳しいことですが、追求する姿勢を忘れず努力し続けることが平和的な教育に繋がると思います。

林竹二先生もこのように書いておられます。

「……子供にふかい学習を保証するきびしい授業を成りたたせるためには、欠くことのできないいくつかの要件がある。第一に、よい教材が選ばれること、そして、徹底的に教材研究がなされていることである。そのことのためには、教師は、豊かな教養と感受性と、そして研究にささげる十分な時間をもたなければならない。教師ではなく、教師の仕事そのものが、教職の専門職化をつよく要求しているのである。[24]」

私は、ドリル学習をやってはいけないとは思いません。「これは、覚えておくと便利だ。」とわかって繰り返す学習ならいいのですが、「とにかく覚えるまでやりなさい。」という教育は、先生の、ひいてはだれかのいいなりになる子どもを育てることになるのですから暴力だと思います。

(24) 林竹二『教えるということ』国土社　一九八三　p.174。

PEACE NOTE 69 No.47

私の小・中・高校時代

私は、小・中・高等学校時代を通して勉強が嫌いでした。

小学校六年生の時は、中学校入試のための受験勉強をしました。小学校教諭が開いている学習塾に週三日通い、夏休みからは日曜日にも行きました。問題集を自分でどんどん進めるというやり方で、一緒に通っている一〇人の競争になりました。私は、なかなか追いつけず、サボることばかり考えていました。塾内テストでは、取り繕うためにカンニングの仕方も研究しました。その結果、一〇人の内でただ一人受験に失敗しました。

中学校三年間は、いろいろ楽しいこともありましたが、勉強はテストのための勉強、高等学校への受験準備のための勉強だったように思います。中間試験や期末試験では、キーワードを抽出して徹夜で覚えようとしました。その結果、成績は良い方でしたが、覚えることが苦手な私には苦痛でした。特に覚えることばかりの英語と社会は嫌いでした。こんなやり方で勉強していたのですから、やはり、中学三年になるとだんだんと息切れしてきて、成績が伸びなくなりました。三年生になってからぐんぐん伸びてくる友達を見ていると、うらやましく、能力のない人間は努力するしかないのだと自分に言い聞かせながらつらさを我慢していました。

高等学校では、最初の成績は良い方だったと思いますが、すぐにガクッと落ち込みました。中学校の数学は、公式を覚えていなくても、公式を導き出す手順がわかれば解答にたどり着くことができましたが、高校では、公式がどんどん出てきて、それを覚えておいて、それがすらすらと出てこないと間に合わなくなったのです。英語も授業のスピードについて行けませんでした。

「勉強」という言葉には、「精を出して努めること」(広辞苑)という意味があります。そういう意味では、私は子ども時代よく勉強をしたと思います。しかし、経験をふまえた「学習」にはなっていなかったと思います。私の勉強は、岩川先生流にいえば、脱文脈的・記号操作的・認知主義的学びだったと言えるでしょう。味気なく、面白みのない、忍耐の勉強でした。

中学校で出会った理科のW先生は、授業のための準備や事前実験を手伝わせてくれました。先生が宿直の時には、私たちを呼んでくれて、夜、学校の望遠鏡を出して月や星を見せてくれました。月のクレーターの美しさや木星の衛星が並んでいる不思議さ、土星の輪が本当に見えたこと等々に驚きました。お陰で私は、理科が好きになりました。小学校の時には、実際の星と教科書の星座が全く結びつかず、実物を見てもわからないのに、「白鳥座」「こと座」「わし座」「北斗七星」という言葉とその形を覚えましたが、中学生になって、夜、友達やW先生とわいわい言いながら楽しく星を見ている内に星座も自然にわかるようになりました。体験と感動と知識が一体となった文脈的・参加的・包括的学びだったと思います。しかし、この学びは全て、授業外の学習だったのです。W先生のお陰で、私は教師になってからも星空教室をしたり、お月見の会をしたりすることができました。

学校の授業や塾で脱文脈的・記号操作的・認知主義的学びばかりを経験してきた私は、頭の中でそれを否定することはできるのですが、では、どういう授業をしたらいいのかということは、最初は、皆目見当がつきませんでした。児童が主体的に学習している授業を見て、どうしたらそんなふうに育てられるのか考え実践しようとしました。教材研究を徹底的にし、児童が「どうして？」と立ち止まるような資料を提示し、調べる方法を考えさせ、自分で調べさせ、発表して意見を闘わせるという授業を模索するしかありませんでした。

PEACE NOTE70 No.48

脱学校？

私の小・中・高校時代の全てが味気なく、面白みのない、忍耐の勉強ばかりだったわけではありません。W先生との出会いのように印象深い師弟交流も体験しましたし、自分たちの意見を入れた学校行事を楽しむこともできましたし、友達と語り合ったり、好きな女の子に心をときめかせたりすることもありました。しかし、学校教育の主要部分であるカリキュラムの実施、すなわち授業のほとんどは、私にとっては重苦しいものだったのです。

この重苦しさを、平和学者のイヴァン・イリイチは、このように表現しています。

「彼らのうちの多くは、やむをえずその時代を通過しているだけであって、子供の役割を果たすことが全然楽しくないのである。子供時代を経て、成長するということは、その子供にとっては自我の意識と社会から課された学齢期を通過する役割との間の非人間的な相克の過程にむりに縛り付けられることを意味する。[25]」

なんだか、私の小・中・高校時代をうまく言い当てていると思いませんか。私の自我意識は、強いものではありませんでした。無かったわけではありませんが、家庭の人間関係や性格から自分を表に出すことをはばかっていました。いい子でなければならなかったのです。自分らしさとは何かを考えることさえ押し殺し、学校のテストでよい点を取ることを自分に課しながらもボーッと夢想にふけり、親に隠れてテレビを見、小説を読むという生活でした。ですから、試験前は徹夜の焼き刃付けをしていたわけです。勉強はしたくないという思いとテストでよい点を取らなければならないという相克の過程にあったわけです。そして、その相克の原因は、私の家庭や性格だけにあるのではなく、やはりその多くは、授業そのものが面白くなかったことにあると

(25) イヴァン・イリイチ『脱学校の社会』東洋・小澤周三訳　東京創元社　一九七七　p.62。

思われます。確かに面白おかしく、楽しく授業をされる先生もいたのですが、あくまで受け身としての面白さだったのです。授業のあと、興味を喚起され自分から進んで調べてみようなどと思ったことは無いのです。

しかし、私が教員になって感じたのは、子どもが主体的に学習するような授業を目指す取組は、どこかで続けられていたのだろうということです。私自身も、主体的な学習になるように、児童が興味をもてそうな事柄を資料にして提示したり、児童の発言を元にして授業を組み立てたり、児童の自分なりの考えを大切にする授業を志したりしてきました。そして、そのような授業を目指す授業研究が行われていました。「児童が関心をもつことができる資料内容か」とか、「発表の苦手な児童に発表し易くするにはどのような方法があるか」とか、「児童の発言をきちんと受け止め活かすことができていたか」とか、「発表しなかった児童の考えをどう把握し評価するか」といった研究です。発表できなかった、あるいはしなかった児童についての取組としては、例えば、授業の最後に「○○の学習をして」と題して書かせることによって児童の思いを把握し、評価して掲示をしたり、次のその教科の授業で読み聞かせたりすることに取り組みました。

私が、個人的にこのような研究をしていただけではありません。私が教員になった頃の小学校では、できるだけ自分で問題意識をもてるように、自分なりの考えをもって表現できるようにしたい、という願いをもった授業が目指されていたのだと思います。このことは、私の子ども時代の学習方法と比べると子どもの立場を大切にした平和的な授業を目指す方向を向いていたと考えることができます。

さて、今の授業はどうでしょう。子どもたちは主体的な学習をしているでしょうか。

残念ながら、最近はだんだんといかに効率よく理解させるかを目指す方向にシフトしてきているように感じます。学習の基礎・基本は学習指導要領であり、その内容を具体化したものが教科書なのだから教科書をきちんと教えることが第一。これだけの教育内容を一年間で教えるには、一時間の授業でこれだけの内容を指導しなければならない。四五分で学級全員に目標を達成させるために、落ちこぼれそうな児童を事前にスクリーニングし、手だてを用意しておくこと。といった具合で、まるで工場の目標管理になってきています。生産目標数を達成し、しかも不良品を出さないためにどうするかといったところです。基礎・基本を習得させることが子どものためになるのだ、今、これだけのことを身に付けておかないと後々困るのは子どもなのだ、という価値観が支配的です。

基礎・基本とは何か？　ということも問題にはなりますが、それはさて置き、基礎・基本が大事だということは確かだとしても、目標が天から降ってきて、これは大事なことだと価値を押しつけられてもなかなか進んで学習しようという気持ちにはなりません。結果的には、教えてくれるのを口を開けて待っていて、自らの力で問題を見つけ解決する力のない大学生を大量に発生させていたという結果になっているのではないでしょうか。

イリイチは、人々が価値の制度化を推し進めていけば必ず、（1）物質的な環境汚染（2）社会の分極化（3）人々の心理的不能化をもたらすといっています。これは、学校に限らず、社会全体について述べているのですが現在の日本の学校制度に当てはめてみると、こんな風に言えるのではないでしょうか。

「基礎・基本の内容はこれです。」「この内容を、この学年の子どもにきちんと身に付けさせます。」という価値の制度化を推し進めると、その制度を利用する子どもや保護者は、その制度に依存するようになります。保護者は、年間指導計画を見て、「これだけの内容を教えてもらうのだったら学校にお任せします。」子どもたちには、「社会に出るのに必要な大事なことを学校が教えてくれるのだから、先生の言うことをよく聞きなさい。」と言うようになります。学校制度に依存することによって、子どもたちは、心理的不能、すなわち独力でやり抜く力を失ってしまうのです。制度的な面倒見の良さは、次第に精密になり、週ごとにあるいは毎日「こんな学習をしました。児童はこんな反応をしました。」という報告が出るようになり、落ちこぼれが出ると、もう一人先生がついたり、学級を分けた少人数指導を行ったりします。授業に集中できない子どもには、家庭生活の指導もします。面倒見が良くなればなるほど、保護者も子どももより依存的になり、「学校が教えてくれるのは、当たり前。教えるのが仕事でしょう。」と考えるようになり、「勉強ができないのは、学校が悪いからだ。」と不満が口をつくようになり、「もっと個別指導をしてくれ。」「学校給食で栄養をきちんと摂らせてくれ。」「運動能力を高めてくれ。」と要求がどんどんエスカレートしてくるようになります。そして、気がついてみると、自分の生活を自分でコントロールし、自分の意志で生きていこうとする能力を失ってしまっているのです。(26)

(26) イヴァン・イリイチ前掲書 pp.14 ~ 17。

このような、個人としての潜在能力の喪失状態をイリイチは「近代化された貧困」と呼んで、「古典的貧困」すなわち経済的貧困と対比して表現しています。そして、制度への依存体質による潜在能力の喪失状態という近代化された貧困が現代の学校によってつくり出され、強化されているとしています。そして、近代化された貧困は、学校に限らず社会全体に広がっていると指摘しています。

このことを、「潜在的能力を阻害しているところに暴力が存在する」というガルトゥングの暴力論に重ねると、依存体質を作り出し、自力で生き抜く能力を喪失させている学校教育は、暴力的だ、ということになります。まさに構造的暴力です。このような暴力的な学校あるいは、依存体質になり潜在能力を喪失しているという学校化された構造的暴力の社会を脱しなければならないという趣旨でイリイチによって書かれたのが『脱学校の社会』のようです。

PEACE NOTE 70 No.49

型から入る教育と「守・破・離」の思想

学校そのものが暴力的だから「脱学校」社会にしようというのですから、林竹二先生の「日本に教育はない」という警告に匹敵する、あるいはそれ以上の警告ではないでしょうか。

イリイチは、学校を無くせと言っているのではないと思います。みなさんも学生時代に「教育原理」や「教育学」の講義の中で、教育の二面性ということを聞いたことがあると思います。一面は、社会が必要とする人材を育てるために必要な価値観や知識を注入するという面です。もう一つは、個の能力を引き出すという面です。イリイチは、前者の弊害を強調し、このまま価値の制度化が進み、教える内容も教える方法も限定され、工場における生産管理のような教育が行われると人は依存的になり、自

ら生きる能力を無くしてしまいますよ、と言っているのだと私なりに解釈していま
す。林竹二先生が「日本に教育はない」と言われるのも同様で、今の日本には、個の能力を引き出す教育が弱いと言われているのだと思います。

ある時、若い先生同士が話していて、一人がしみじみとこう言っていました。

「やはり、型が大切ですね。子どもに型を身に付けさせないと教育になりません。」実感でしょうね。教室の机について、座って教師の方に集中してくれないと授業になりませんからね。授業にも型があり、その型を身に付けてくれていれば効率よく理解させることができますからね。

でも、この会話が聞こえた時、私は大変違和感を覚えたのです。

型から入る教育、本当にそれでいいのだろうか。型から入る教育は、型にはめる教育に繋がり、注入教育に繋がるのではないだろうか。そして、教育を受ける側からすると、忍耐の子ども時代となり、教えてもらうことを待つ依存体質の人間になるということに繋がるのではないだろうか。

型から入る教育は、教育の二面性の内の価値観や知識の注入の面を優先していると私は感じ、平和的教育から離れていると思ったのです。

それに対して、こんな反論もあるでしょうね。まずは、人の話を聞く姿勢ができていないと学習そのものが成立しないでしょう。チャイムが鳴ったら席について、先生の方を向いて話を聞く。素直に先生の言うことを聞く子ほど成績が伸びます。何もないところから個性は生まれません。型を体得した基礎の上に個性は花開くのです。

この考え方の基底には、「守・破・離」の考え方があると思います。日本の武道（剣道・柔道・空手道など）や茶道・生け花・舞踊などには、師弟関係における三つの段階があります。最初は、師の教えを正確に忠実に守る段階。次は、身に付けた技や型を洗練させ、それまでの型を破って個性を発揮する段階。そして、最後が独自の道を確立し、師から離れ独立する段階です。師から離れ自らの「派」を立てるというところから「立派」という言葉が生まれたのだそうです。今では、軽々しく「ご立派」なんて言いますが、元々は派を立てるくらいにならないと立派ではないんですね。

教育の世界でもこの考えを入れて、だからまずは、先生の言うことをきちんと聞いて、先生の言う通りにすることが基本だ、という考え方が根強くあるのだと思います。私も、「守・破・離」の考え方は大切だと思います。しかし、教育に取り入れるとなると、ちょっと疑問が出てきます。それは、「守」をいつまでやるの？　ということです。「破」はいつやるの？　ということです。小学校時代は「守」ですか。学生時代はずっと「守」ですか。小学校の先生たちの現実を見ると、少なくとも小学校時代は「守」でいいと感じている人が多いような気がします。もしかして、中学校も高等学校も「守」になっているのではないでしょうか。学校教育は、「守」「守」「守」と機関車のように重さをこらえて突っ走っているのではありませんか。「破」は横に置いておいて、遠い将来、教え子たちが自分たち教師を飛び越え「離」れて、それこそ「立派」に成長することは願いながら。でも、「破」を置いておいては、立派な教え子は現れないと思います。立派な教え子は、学校以外のところで「破」の時期を過ごさなければ生まれてこないということになるのではないでしょうか。

「守・破・離」の考え方には前提があると思います。それは、〇〇道を習うに当たって、強くなりたいとか上手になりたい、そしてこの道で生きていくんだという強い願いがあるということです。強い願いという前提があって初めて、基本の型の練習を繰り返し、繰り返しすることができるのでしょう。それが、願いを叶えるための最良の方法、近道だとわかっているからです。習い事の場合は、「守」だけでいいということもあるかもしれません。自分の個性を明確に出さなくても、師と同じことができて、師範代くらいになればいいということもあるでしょう。それでも、そこには自分の意志があります。

教育の場合もこの前提がなければならないのではないでしょうか。この前提を考えず、子どもの意志とは無関係に教師の都合のいいように、まずは型にはめ「守」を強要することは暴力だと思います。まずは「型」ではなく、まずは「やる気」でしょう。教師は、子どもにやる気を起こさせる環境作りに全力を尽くすべきです。子どもがやる気を起こして、どうやったらうまく学習できるかという疑問をもった時に型を教えてやればいいのです。そうすれば、型の大切さも理解できるし、「破・離」に向かう目標も生まれてくることでしょう。

理想はわかるが、現実的にはそうはいきません、という先生もいると思います。私自身がそうでした。もう二十数年前になるでしょうか、教育学者の大田堯先生の本を読んでいて印象に残っている部分があります。本の題もそれ以外の内容も全く覚えていないので確認のしようがないのですが、たぶん「教育は、子どもの成長を支えることが全て」というような意味だったと思います。高名な教育学者が言うことなのだからたぶん正しいのでしょうが、実際には教え込むことばかりやっているよな、と思い、どうしたらいいものかと悩み続けました。そして、少しずつでもいいから児童にやる気を起こさせる方法を取り入れていこうとしました。

教師自身が、現実にどっぷり浸かって「守」ばかりになっていては、「破」は起こりません。違った考えにぶつかり、もがく中でその教師の個性が生まれてくるのだと思います。子どもの能力を最大限に発揮させるとはどういうことなのか常に考え、自分を変えていくことが大切だと思います。

大田堯先生も、教育の二面性の内、個の能力を引き出す面を重視しておられるのです。それにもかかわらず注入教育の面からの圧力がこんなに強いのはどうしてでしょうか。基本的には、日本の教育制度の始まりに原因があると言えるのではないでしょうか。日本の教育制度の始まりは明治の学制発布です。明治政府は、富国強兵に役立つ人材を育成し、選別するシステムとして学校制度をつくり、実施したのです。その頂点に位置づけられたのが東京帝国大学でしょう。そして、人材育成の中には、国のために命をかけ戦う兵士の育成とそれを支える良妻賢母としての女性の育成という価値の組織化が意図されていたのです。日本の学校は、最初から個を大切にすることなど眼中になく、戦争のための教育だったわけです。従って、教育の方法としては注入型になります。

教育という言葉も、このような内容を表して付けられた訳語なのではないでしょうか。大田堯先生は、別の本で「この言葉はeducationという外来語の翻訳であり、かつ庶民ではなく治者のつくり出した官製語であって、日本人の育児行動、子育ての本質からみて、また外国語であるeducationの本来の意味からもずれがあることは、ほとんどまちがいないものと、今も私は考えています。[27]」と書いておられます。日本の教育の歴史が全て注入型で覆い尽くされていたということではありませんが、歴史的にも言葉の意味からも注入型の押しつけ教育の強い流れがあることは事実のようです。

(27) 大田堯『大田堯自撰集成1 生きることは学ぶこと―教育はアート』藤原書店 二〇一三 p.73。

PEACE NOTE70 No.50

教師のスーパー権能

「型から入る教育」の考え方には、児童・生徒時代の子どもは教師に対して忠実であるべきだという先入観があると思います。

「子どもは、無邪気であるべきだ。」

「子どもは、教師の言うことを素直に聞くべきだ。」

このような先入観に子どもの現実の姿を一致させるために強制力を使うようになります。この強制力は、一時期「学級王国」という言葉で揶揄されたような、担任が個人的に学級を私物化し好き勝手をするという意味ではなく、学校の二面性の内の「社会的な要請による注入」の面から、必然的に必要とされる力です。

イリイチは、学校制度において教師は三つの権能をもつようになると言います。

一つは、儀礼の師匠。儀礼の師匠としての教師は、「生徒を長時間にわたって迷路のようなわかりにくい儀礼の中をずっと導いていくのである。[28]」

二つ目は、道徳家。道徳家としての教師は、「学校の中だけでなく、社会全体の中で何が正しいか、何が誤っているかについて生徒を教化する。[29]」

三つ目は、治療者。治療者としての教師は、「自分の生徒が一人の人間として成長するのを助けるために生徒の個人的な生活にまで立ち入って穿鑿する権限を与えられていると感じるのである。[30]」

さらに、この「三つの権限をあわせもつ教師は、法律よりもはるかによけい子供を自由でなくしてしまうのである。……学校の教師と教会の牧師は、逃げ出す心配のない聴衆に説教するだけでなく、彼らに相談しにきた人々の私事にまで立ち入って穿鑿する資格があると考える唯一の専門職業者なのである。[31]」

(28) イヴァン・イリイチ『脱学校の社会』東洋・小澤周三訳　東京創元社　一九七七　p.67。
(29) 同前。
(30) 同前。
(31) 同前書　p68。

教師がこれら三つの権能をもって、子どもに基本的な生活習慣や基礎知識を身に付けさせることは必要不可欠な当然なことのようにも思われますね。

でも、イリイチは、その結果を子どもの立場でみるとこうなると言っています。

「学校に行くことは、子供にとって西洋文化の支配する日常の生活から隔離され、はるかに原始的、魔術的で甚だしく重苦しい全く別な世界に入れられることなのである。」(32)

イリイチの言うことが、日本の教育においても通用するのだろうかと思う面もあるのですが、確かに、学校は儀礼だらけだとは思いませんか。特に儀式は、厳粛に執り行われることによって、その雰囲気でこの社会の権威を体感させる場となっています。体育館のステージが、土足で踏み込んではならない神棚のようにみごとに変身しますから不思議です。また、日々の生活でもこと細かに儀礼の指導が入ります。職員室に出入りするとき、児童は後ろのドアから入るよう注意されます。急いで先生に知らせたいことがあって前のドアから入ろうとしても、「やり直し!」という声が飛んできます。また、理屈抜きで正しいことは正しいと教えましょう、とも言われます。当然でしょう。自分たちの正しいと共通認識している価値観を子どもたちに伝えようとして何が悪いの、と言われるかもしれません。

しかし、その正しく当然だという価値観は、現代に限られた流行の価値観であったり、学校でだけ通用する価値観であったりするのではないでしょうか。このような、価値観を教化するのが生徒指導です。教化のために体罰を使うことは下手なやり方ですから、私事に立ち入って知った個人的な情報を使ってその児童の良さを褒め、親やその児童に愛情を注いでくれている人の願いを考えさせて納得させて教化するのが積極的生徒指導ということになります。

（32）　同前書、p.70。

PEACE NOTE70 No.51

子どもの誕生

「子どもは、こうあるべきだ。」という時の「子ども」は、小・中・高校時代の子どもをイメージして書いていました。小学校時代の子どもは「児童」、中・高校時代の子どもは「生徒」、両方あわせて「子ども」としていました。

日本の明治時代以前、公家や武家では、子どもから大人の仲間入りをする時「元服」という儀式をしていました。何歳ということは決まっていなかったようですが、一二～一六歳くらいが多かったようです。しかし、公家や武家以外では、子ども時代は短く、小さい時から大人と一緒に働くのが一般的でした。ですから、私たちが指導をしている「子ども」が一般的に現れ始めたのは、明治時代の学制以後だと思われます。

ヨーロッパについては、フィリップ・アリエスが『〈子供〉の誕生』[33]という本を書いています。それによると、中世においては、七歳くらいになると大人の共同体に入り、仕事や遊びを一緒にしていたので、それ以後の子ども期は存在しなかったし、教育という観念ももたないでいました。また、共同体の中で生きるのが当たり前で、家族意識も私的生活意識も希薄でした。この時期の子どもを保護し教育をすることが必要と考えたのは、一部の法律家や聖職者やモラリスト（道徳家）だけだったと言います。

ヨーロッパの一七世紀は、イギリスから起こった市民（ブルジョア）革命の時期です。産業が発展し、富の蓄積によって市民層が力をもちます。この時期に学校は発展し、子どもを大人と一緒にする前に、ある特殊な体制のもとにおいておく必要があるという意識が広がり、学校で教育をする必要のある「子ども」が誕生することになるのです。そして、「家庭と学校とは一緒になって、大人たちの世界から子供をひきあげさせた。かつては自由放縦であった学校は、子供たちをしだいに厳格になっていく規律の体制の内に閉じこめ、この傾向は十八世紀・十九世紀には寄宿生として完全に幽閉

（33）　フィリップ・アリエス『〈子供〉の誕生』杉山光信・杉山恵美子訳、みすず書房　一九八三・六。

してしまうに至る。[34]」とあるように、学校は道徳的教化を効率的に行うために規律を厳格にしていくことになります。

一八世紀後半の産業革命期、ブルジョア階級がさらに力をもち、私有財産の意識が高まり、共同体としての社会が、家族ごとに分解されます。一七世紀に発展した学校には、色々な階層の子どもが混在し、民衆的な初級教育の制度に発展しつつありましたが、一八世紀以降、ブルジョアは、ブルジョア家族が独占する寄宿学校や宗教関係の学院に子どもを送り込むようになります。こうして、階級ごとの生活様式や価値観を守る階級ごとの学校が発展するようになります。

日本の学校は、富国強兵・殖産興業に必要な人材を育てるため、ヨーロッパの厳格な規律の学校制度を取り入れ、それと日本武道などの型の教育があいまって注入的な教育が広く行われるようになったのではないかというのが私の考えです。

「子どもは、こうあるべきだ。」と考える時、そこにはその時代の価値観が反映されています。ブルジョア社会の発展とともに学校と子どもが誕生し、学校は子どもにブルジョア社会での生き方を教化することになるのです。それは、この時代を生きるために当然のことではあるのですが、学校はそういうものだということを意識しておく必要はあると思います。この時代の価値観に適合しにくい子どももいるのですから。

(34) 同前書、p.386。

PEACE NOTE70 No.52

資本主義的価値観と学校

教師が「子どもはこうあるべきだ」と思っていることや「当たり前」のこととして教えている価値観は現代日本の資本主義的な価値観に根ざしています。資本主義の価値観は、基本的にはその成立以来変わってないと思われます。自由、平等、権利などです。これらは、現在では当然のことと考えられています。

でも、こんな意地悪な言い方をすることもできるのではないでしょうか。

自由は、お金がないと不自由になる自由。自由は、競争の自由であって、勝った者はより富を得て自由になるが、負けた者は富を失い生きていけなくなるかもしれないという自由。生活の細かいところまで決められている法律や規則、条例の隙間の自由です。自由が絶対的価値だとして、例外無き関税撤廃を強行にすすめるＴＰＰ交渉の強国が主張する自由です。

平等は、生まれながらに不平等だけど、法の下では平等に裁かれるという平等です。生まれながらに何か平等なことってありますかね。命を一つずつもっていることくらいでしょうか。時間は平等に過ぎていくという人もいますが、時間の感覚は人によって違うような気もしますし、もち時間も違います。できるだけ平等にする努力は必要だとされていますが、一方で自由競争を認めて不平等を拡大させているのですから矛盾しています。

権利は、アリエスが言っているように、共同社会からバラバラになった個人や家族が、自分を守るためにつける鎧としての権利です。中世の共同社会では、人によって解決していた問題を、法律を基本とする制度によって解決するようになったため、新しい問題が起こる度に法律がつくられ個人のもつ権利がだんだんと増えてきます。日本で例えるなら、江戸時代は村の中で問題が解決されるため、村八分というような罰も存在したわけです。明治になって産業が発展してくると共同体を離れて都市で生活する人が増えてきます。そのような人々の間の問題解決には、法律や警察や裁判所という制度が必要となります。権利を主張するため自由民権運動や大正デモクラシーのような運動も起こります。日本では、権利の前に義務が先行していたような気がします。市民層が育つ前に、明治政府が西欧に追いつくために上からの改革を急いで行ったためだと思います。

制度に依存して問題解決をするようになると、問題が起こる度に決まりがどんどん細かくなります。学校という制度に保護者が依存するようになると、子どもに対する学校の決まりもどんどん細かくなります。ソックスの色・長さ、スカートの長さ、髪の毛の長さ、自転車に乗ることができる学年、遊び場所等々。曖昧なものはどんどん排除され、「指導の統一」の名の下にどちらでも良いということは許されなくなります。学校は、保護者と教師にとって扱いやすい子どものあるべき姿を指導する所になり、大人社会より自由の少ない場所になってしまいました。

私的所有という権利は、自分の物と人の物を区別することに繋がります。そして、個人を大切にすることに繋がり、プライバシーが尊重されるようになります。私有による所属の区別が次第に徹底されてくると、物だけでなく能力もまた自分のものだと思いこむようになってきます。だから、自分の能力は、自分のために使う。「自分の能力を駆使して、法律に反しない範囲で自分の金儲けをして何が悪い。」ということになります。能力が高い人は、一方で法律をかいくぐって金儲けをする企業戦士や経営者になり、一方では自分に都合のよい法律や規則をつくる政治家や高級官僚になるということが起こります。でも、法律を犯していないのですからだれも文句を言うことはできません。

もう四〇年余り前になるのですが、私が大学生の頃、大学の「社会政策論」の講義で先生がこんなことを言われました。(35)

「みなさんは、自分の能力は自分のものだと思いますか？　言葉をしゃべる能力は、自分だけで獲得しましたか。親をはじめ、多くの人々が声をかけてくれたから身に付いた社会的な能力ではありませんか。」

他の講義は、ほとんど覚えていませんから、未だに覚えているということは、この言葉が当時の私には大きなショックだったのです。自分のもっていた価値観がガラガ

(35)　この「社会政策論」の担当教官は、後に下関市立大学の学長になられた堀内隆治先生です。私は、堀内ゼミのゼミ生となり、高校生の平和意識調査に関する卒業論文を書くことになりました。

ラと音を立てて崩れるような感覚を覚えました。確かに、潜在的な能力は生まれながらに与えられたものかもしれませんが、使える能力になるには多くの社会的影響が必要です。それ以後、私は、自分の能力は社会のために使うべきだと思うようになりました。

話を戻します。学校は、資本主義の価値観をストレートに教えるわけではありませんが、このような価値観の支配する社会で生きる能力を身に付けさせることが期待されているのです。そして、学力・体力の競争をさせて、勝者には、より高い能力を身に付ける機会を与え、敗者には「平等に教えられて、できないのは自分が悪いのだ。」というあきらめの根拠を与える機関となるのです。

教師は、「夢は、あきらめなければ必ず実現する。」という勝ち残った者だけが言える言葉に感動し、不平等な自由競争の中に子どもを送り込んでいるのではないでしょうか。そして、物を中心とした価値観のもとで物欲を満たす物を生産するように企業の役に立つ使用価値のある人材を生産する教育に邁進しているのではないでしょうか。

心の教育が大切だ、道徳教育が必要だ、という声が聞こえてきます。確かに、心の教育は大切だと思います。しかし、競争させて勝った者には驕りというすさんだ心を育て、負けた者には諦念というすさんだ心を育てておいて、心が大切だと上から目線で押しつけようとするのはいかがなものかと思ってしまいます。あなたは、成績のふるわない子やその保護者に「成績が全てではありませんから。」などという気休めを言っていませんか。それは、間違いではありませんが、それを言っただけではすさんだ心を癒すことはできません。学業成績以外のその子の優れたところを、本人が納得し希望をもてるように評価しなければならないと思います。

現在、物の豊かさを追求する価値観、お金至上主義の価値観、自由競争の価値観に限界がきていると思います。マザー・テレサは、来日した時「日本には、物は豊かにあるが、貧しい人が多い。」と言ったと聞いたことがあります。マルクスは、「豊かになるとは、自らが宝である人になることであって、富を持った人になることではない。」というようなことを言ったと聞いたことがあります。

私たちは、自分が当たり前だと思っている価値観を、時々はひっくり返されるような刺激を受け、振り返ることが大切だと思います。

PEACE NOTE 70 No.53

学校は無くとも和算は世界トップレベル

イリイチは、「脱学校」を唱えましたが、学校は無くても、学習はできるものなのでしょうか。

江戸時代、日本の数学は世界トップレベルだったそうです。特に和算と呼ばれる日本の数学を確立した関孝和は有名ですね。一七世紀後半の人ですが、世界で最も早い時期に行列式の概念を提唱したり、円周率を少数点以下一六位まで正確に求めたりしています。すごいことです。

和算は、この天才的な数学者やその弟子たちだけの世界で発展したのではありません。全国的に和算が流行していたのです。そのことがわかるのが算額です。算額は、数学の問題が解けたことを神仏に感謝し、ますます高度な問題が解けるよう勉学に励むことを祈念して神社やお寺に奉納された絵馬のような額です。この算額があちらこちらの神社・お寺に残っていることから、江戸時代、算額奉納の習慣が全国に広がっていたこと、そして、和算が流行していたことがわかるのです。算額の中には、現在の高等学校数学で学習する定理を使って解くような問題を八歳の子どもが解いて奉納されたものもあります。今で言えば飛び級もいいところですよね。しかも、算額を奉納しているのは、幕府のお抱え学者でもなく、藩校の師範でもなく、商人だったり百姓だったりと身分の枠を越えているのです。

また、寺子屋で教えていた「読み、書き、算盤」における計算のような実用の数学ではなく、実用以上に進化・発展した数学だったようです。実用を離れた問題として「方陣」「円周率」「複次方程式」「面積と辺の長さと平方根」などが挙げられています。[36]

甲田村甲立（現在の安芸高田市甲田町）の三上本家安国屋の生まれで、後に広島県が

(36) 三上義夫『文化史上より見たる日本の数学』岩波書店　一九九九　p.45。実用を離れた問題として他に「円攅」「角術」「四角三角や円の中に円や正方形を容れた問題」「一つの問題を幾つもの方法で解く、一つの式の問題を幾つも作る」などが例示されています。

生んだ世界的数学史家といわれた三上義夫という人がいます。三上義夫の『文化史上より見たる日本の数学』によると、和算家の中には、武者修行のように各地を遊歴し、その地の和算家として知られた人を訪ね、問題を出したり出されたりして解法競争をしている人もいたそうです。剣術家の道場破りのようなもので、できなければ大いなる恥辱と考えていたようです。地方農家で数学を学んだ人の中には、数学に没頭して仕事をせず、家を失った人もあるそうです。また、都会では、数学を教えることを生業とした人もいたそうですが、収入は少なく、和算家は世間から卑しまれながら、何の収入も名誉も地位も得られないことを覚悟して和算の学修をあえてしていたようです[37]。

では、どうして学校制度の無い鎖国時代に、しかも全く儲からないにもかかわらず、高度な数学が全国至る所で盛んだったのでしょう。

それについて三上氏は、いとも簡単に答えます。「全然道楽にしたのである[38]。」と。要するに趣味の世界だったのです。江戸時代、短歌や俳句が盛んだったことは知られています。松尾芭蕉が俳諧を芸術的な短詩の形式に完成させました。芭蕉は、「奥の細道」の紀行文のように日本各地を旅していますが、宿泊に困ったというようなことは聞いたことがありません。それは、日本各地に俳諧の同好の士がいて、芭蕉を歓迎してくれたからです。同好の士というのは、まさに趣味・道楽の仲間のことです。江戸時代には、碁、将棋、剣術、柔道、茶の湯、琴、三味線、絵画などの趣味のサークルが、全国各地に広がり、それぞれのサークルの繋がりは深く交流もありました。サークル内には、武士と平民というような身分の差別はなく、趣味仲間として活動していました。このような趣味・道楽の一つとして和算があったのです。三上氏は、和算家最後の生き残りといわれた上州の算学者萩原禎助翁（一八二八～一九〇九）に「数学も俳句も別に変わったことはない。面白いことは同じだと言われたことがある。」と言っています。(39)

家業を潰すほど道楽に入れ込んだからこそ、世界に認められる俳句という短詩の形式が完成したのと同じように、世界トップレベルの和算という数学が発展したということなのです。「好きこそものの上手なれ」という言葉がありますが、まさにその通

（37） 同前書 pp.48 ～ 55。
（38） 同前書 p.55。
（39） 同前書 p.57。

りですね。

このように、学校制度は無くても世界レベルの研究をすることは可能なような気がします。イリイチのいう脱学校も全くの根拠の無いことではないと言えるのではないでしょうか。

私が、江戸時代の和算の隆盛について取り上げたのは、意欲、好きであることがいかに大切かということを確認したかったからです。好きで意欲をもって取り組むからこそ学習が成り立つのであって、年齢別に輪切りにして、この年齢の子どもにはこの内容を理解させるということでは、学習は成り立たないと思うのです。

言い換えれば、学問は面白いということです。人によってその分野や深さに違いはあると思いますが、多くの人が、趣味や道楽の対象とするくらい学問は面白いのです。面白いはずの学問を、面白くなくしているのが学校だとしたら、やはり学校は構造的暴力であると言わざるを得ません。

教師は、個人的に学校制度を変えるというわけにはいきません。でも、楽しく学習できるようにいろいろな工夫をすることはできると思います。私を導いてくれた先輩の先生は、宿題は出さないと言いました。宿題を出さなくても、家に帰って調べたり練習したりしたくなるような授業をすれば、みんな勉強をして来ると言います。そんな、意欲をかき立てるような授業を目指して日々精進することが大切だと思います。楽しく学習できてこそ平和的教育と言えるでしょう。

PEACE NOTE70 No.54

制度依存による構造的暴力の例

「制度に依存することによって個人としての潜在能力を喪失している」というイリイチの近代化された貧困の理論は、現代の構造的暴力を私たちの意識に浮かび上がらせる優れた方法となると思います。

制度依存によって私たちの能力が発揮できなくなっていることを考えれば構造的暴力を見つけ出すことができるはずです。

1　修学旅行

修学旅行を旅行業者任せにしている場合です。旅行業者というある種の制度に依存することによって児童・生徒に何ら考えることをさせず、友達との思い出旅行にしてしまっていると、児童・生徒は、旅行先へのアクセスの方法や旅行先の歴史・

風土・産業などを事前に調べる能力も、こんなところを見たい、聞きたいという意欲も伸ばすことができなくなってしまいます。「かわいい子には旅をさせよ」ということわざがありますが、日本では古くから旅によって多くを学習することができると考えられてきました。それは、未経験のことを否応なく経験することができるからです。それにもかかわらず、旅行業者が上げ膳据え膳で面倒見よく案内してくれたのでは、児童・生徒の能力を伸ばすことになりません。教職員にしても同様のことが言えます。私が教職に就いた当時の修学旅行計画は、教師が作っていました。児童にとって良い期日、行程、宿泊先を考え旅行業者に依頼していました。何もかも旅行業者に任せていると教師の計画能力も無くなってしまいます。

修学旅行の行く先は、隣の県までとか、船に乗ってはいけませんとか、一泊二日ですとかいう決まりのある市町もあります。規制が多くなるほど、教師が考えなければならない範囲も狭まります。担当校の校長先生が市内の全小学校を人数によってグループに分け、期日を決め、日程は三択にして送り出すという市もあります。これは、経済的・効率的には優れた方法だとは思いますが、まるで流れ作業です。これでは児童の学習として修学旅行を考える教師はいなくなるでしょう。児童の管理さえ考えておけばいいのですから。児童の方も友達と物見遊山ができて楽しい思い出になったというだけで、大して学習能力を伸ばすことはできないことになります。

これは、構造的暴力でしょう。

2　薬漬けの医療

私の母は、年をとってから血圧が高いだの目の調子が悪いだので、医院にかかっていました。あるとき、身体がふらふらすると言って歩くことができなくなりました。掛かり付けの医院ではなく別の総合病院に入院しました。原因はなかなかわかりませんでしたが、何種類も飲んでいた薬を一、二種類に減らされました。その後、特に治療をすることもなく回復し退院することができました。たくさんもらっていた薬が原因だったものと思われます。

自分の病気について病院に任せてしまうことによって、かえって健康を害するという例です。病院は病気を治癒することを目的としているはずですが、病院が病気をつくりだしているということもままあるようです。私の母の例などは、個人的暴力と言えるかもしれませんが、このようなことがよくあることだとなると構造的暴力と考えることができます。

医療が高度化するとそれに合わせた医療施設や設備が必要になります。高価な施設を造ったり医療器械を導入したりするとそれを使わなければならなくなります。病院に行くと、まずレントゲンを撮られたり、ＭＲＩに入れられたりすることになります。そして、調子の悪い症状を言うと、それに合わせた薬を処方されます。話すほど薬が増えます。投資した医療施設や設備代を回収しなければならないからです。こうして、医療が発達するほど病院が病気を増やすという構造的暴力が広がるのです。

当然、良心的な医者は、たくさんいるのですが、医療の中に資本と競争原理が入ると問題が広がるのです。また、病院にかかる人の方も、自己免疫力を強化するなどの自助努力をしなくなり、自分の健康を自分で管理する能力を失ってしまうことになるのです。

3　脳死？

高度医療の繋がりで思いついたのが、脳死の問題です。臓器移植が可能になって脳死を法律的に認めるか否かが問題となっています。身体が温かく、心臓も動いているのに「死んでいます。」と言われても、肉親には納得できるものではありません。死の判定を制度に任せてしまうのは構造的暴力だと思います。

4　減反農政

一九六〇年代から米余りが顕著となり、倉庫に古米や古々米が山のように積まれ問題となりました。政府は、米余りによる米価の下落を防ぐために田圃に米を作らせない政策を打ち出しました。これが、減反政策です。地方によって違うのかもしれませんが、約四〇パーセント米を植えない田圃をつくらなければなりません。政権交代によって減反政策は変わってきていますが、割り当て通り減反をし、そこに別の何かをつくれば補助金を出すという政策です。政府の言う通りにすれば補助金がもらえるのです。生きていくためには仕方がないということでこの制度に依存して自ら工夫することを放棄すると農業は衰退します。農業を守るための補助金が農業を駄目にしているという指摘もあります。そうなると、構造的暴力と言えるかもしれません。

最近、ＴＰＰの関係からか自民党が減反政策をやめるという報道がありましたが、新たな補助金を考えているというような情報もあり、結局大きな変化はないのではないかと思われます。小さな農家を集約して大農経営に移行し、外国と競争できる価格に下げたいと願っているらしいことはわかりますが、現実にはすぐにはできそうになく、ＴＰＰの方で聖域を作る努力をしているように見えます。大農経営の方向ばかり向くのではなく、自給的農業も奨励するのはどうでしょう。新たに自給的な農業を始めたいという人にも農地が使い易くなるような規制緩和も考えてほしいものだと思います。都市にも自給的農業ならやってみたいという人は多いのではないでしょうか。どういう形であれ、自分なりの農業をやりたいという意欲をもった人を大切にすることが、制度依存の農業からの脱却になると思います。

このように制度に依存することによって私たちの潜在能力が発揮できないように無力化されている例は他にも見つかるのではないでしょうか。大きな問題であれば、核の傘という制度に依存した日本が、平和外交をする能力を失っていることもそうでしょう。身近で小さなことであれば、ナビゲーションシステムの登場によって、地図を読む力が弱くなるというのはどうでしょう。そんなことを危惧するのは私だけでしょうか。この食品が食べられるかどうかを、カビが生えてないか、汗をかいてないか、酸っぱいにおいがしていないか、ちょっとなめてみて味が変わっていないかなどで判断していたのは、もう過去の、必要のない能力なのでしょうか。みなさんも、制度依存の問題を見つけてみてください。

PEACE NOTE70 No.55

制度依存から制度利用へ

制度依存によって、潜在的な能力を無能化されているというイリイチの理論と構造的暴力論を重ねて考えてきましたが、イリイチは無能化されるような制度は、やめてしまえと言っているのではありません。能力が発揮できるような制度に革める必要があると言っているのです。

もし、人間のもっている潜在的能力を最大限に発揮するという時の潜在的能力を過去にもっていた能力に限定して考えると、人間は過去に遡らなくてはならなくなってしまいます。現代人は、縄文人と比べるときっと視力も聴力も臭覚も走力も投力も火を熾す能力も食べ物を噛み砕く力も弱くなっていると思います。これらの力が弱くなった原因は、さまざまな制度によって現代人の方が食料を調達し易くなっているということや生活が安全になっていることにあります。これらの力をとりもどそうとすると縄文時代と同じように食料を探し回り、危険と隣り合わせの生活をするしかありません。

一方、現代人の方が優れている能力もあります。読む力、書く力、知識、広範囲の情報収集能力やコミュニケーション力等々。これらは、発達した制度のお陰ということもできます。

ですから、その時代に必要な能力というものがあるのだと思います。必要な能力を無能化するような制度ではなく、必要な能力をどんどん伸ばすような制度にすべきなのです。しかし、例えば学校制度をどのような制度にどのような手順で変革するかということは、すぐに出てくるものではありません。

まず、私たちにできることは何でしょうか。

それは、制度依存から制度利用に切り替えることです。児童・生徒について言えば、学校という制度に依存して「教えてくれるのが当たり前」という考えから「学校を利用して自分の長所を伸ばそう」という考えに切り替えるのです。児童・生徒の考えをこのように切り替えるには、教師が知識注入方式で上から教え込んでいては駄目です。知りたいことを調べる方法を教え、調べるための環境を整え、自分の考えを発表する場を設け、自分の判断で行動し責任をもつ経験ができる機会を設けることです。教科教育だけでなく学校行事においても同様です。修学旅行の例であれば、期日と地域が決まっているとしても、児童・生徒自身が、まず、その地域の特色を調べ、興味・関心のある事柄を見つけ、自分の旅行の目的を明確にすること、そして、その目標を達成するための計画を立て、実行し、結果を報告する、という一連の体験をさせることはできるのではないでしょうか。

総合的な学習の時間は、このような学習を児童・生徒にさせることを目的としているのだと思います。この総合的な学習の時間を有効に使い、そこで培った学習の方法を他の教科でもどんどん使っていくことが制度依存から制度利用への変革の道筋だと思います。

先生方も自分のもっている知識を効率的に児童・生徒に伝達し、理解させるという教授型教師から、児童・生徒と一緒に学習し、より楽しく、より納得のいく学習になるよう環境整備をし、指導・助言するコンシェルジュ型教師へそのあり方を変革する必要があると思います。

現在、教師に対して行われている人材育成研修の内容は、いかに効率よく学級事務を終わらせ、いかに早く工夫した校務処理をするか、いかに同僚と協調し円滑に学校運営に協力するかということが中心になっているように思えてなりません。もっと児童・生徒に学習の楽しさを味わわせるにはどうしたらいいかを語り合い、児童・生徒とともに生きようとする教師を育成する研修をすべきでしょう。また、そんな研修を自ら探して身銭を切ってでも学習しようとする教師であってほしいと思います。

国定教科書時代でも

今のご時世、なかなか自由な発想で授業をすることができない、自主教材なんか作る暇もないと言われるかもしれません。確かに、事務手続きが次第に細かくなり、確実に実行し、証拠を残さなければならない制度になってきていますから、大変なことはわかります。しかし、管理が厳しいだとか忙しいだとかいう理由で、教科書を教える教師、飴と鞭で言うことを聞かせ、「この問題の答えはこうだ」と教え込むような教師にはなってほしくありません。そんな教育は、暴力そのものです。

戦前の教育が硬直化していた時代でも、児童・生徒に自分の考えを表現させる取組があったことを大田堯先生が紹介しています。小砂丘忠義《ささおかただよし》さんの始めた「生活綴方」の取組です。ちょっと引用してみます。

「実は、戦前の教育は国定教科書です。国が決めた教科書が各教科ごとに、ただ一種類決まっているわけです。そして、その教科書を第一章から順々に読んで暗記するように求める。各教科全部が国定教科書で、内容を国に決められてしまっているという状態です。そういうことが学校教育の中心として行われているのが、戦前お上から課せられた義務教育制度の特徴なのです。この場合の義務は国家に対する臣民の服従義務です。……

ところがその戦前、戦中の義務教育では国語には教科書があっても、作文の時間には教科書がないんですよ。……その綴方の時間を非常に大事にする人たちが現れるのです。そして、ある段階から小砂丘らの呼びかけに応じて、綴方の時間には、子ども一人ひとりが自分の生き方を、生活の事実を自分で綴る、自分のまわりの暮らしを自分の感性で表現する、子ども一人ひとりが、自己表現をする大事な時間にあてることをやってのけたのです。

これはすごいことですよ。本当に全教科が上から押さえられているときに、ほんのわずかの隙間の作文の時間に、飽き足らない自分たちの願いに基づいて、子どもに生活事実、子どもたちのありのままの暮らしの事実、その中での欲求や希望を表現してもらう。その子どもたちの自己表現に教師が感性からひびき合っていく。そういうことが人格と人格とのまじわりにつながっていく。上から教え込まれる情報、ことばを、逆に自己表現に転換し、人間関係を創造する学習方法をうみだしたのでした。[40]」

戦前・戦中の軍国主義一辺倒の時代に於いてさえ、押しつけを打破しようとする教育が試みられていたのです。ましてや現在、学習指導要領にも教科書をそのまま覚えるように教えなさいなんて書かれていない上に「考えるようにする」という表現はあるのです。さらに、総合的な学習の時間のように自ら問題を発見し、調べ、結果を表現し、新たな問題に取り組むという時間さえ確保されているのです。それでもいろいろと理由を付けて、教え込みをしようとする教師がいるとしたら、それはまさに制度依存によって教師の能力を喪失していると言わざるを得ません。

(40) 大田堯『大田堯 自撰集成1 生きることは学ぶこと―教育はアート』藤原書店 二〇一三 pp.78～79。

PEACE NOTE 70 No.57

Ｈｏｗの教育と同調圧力

今の日本の教育のあり方について疑問を投げかけているのは、教育関係者だけではありません。科学者の意見も紹介してみましょう。帝国書院が出している『階【きざはし】～社会科教育を考える～』という冊子に、池上彰のインタビューというページがあります。小惑星探査機「はやぶさ」の元プロジェクトマネージャだった川口純一郎さんへのインタビュー記事です。

「川口：学校もそうですし、予備校もそうなんですが、Ｈｏｗしか教えていないんですね。Ｈｏｗというのは「やり方」です。でも、本当はＷｈａｔを探す訓練をしなければいけないんです。『なんで?』と子どもたちが自ら気づくことが大切です。
学校の仕事である『学び』というのは、基本的にＨｏｗです。……教材が提供する守備範囲の中から、「これだけ学べばいい」ということが子どもたちに与えられて、範囲内のことをいかに覚えるかが試される。……Ｈｏｗだけの教育がずっと続くと、同じことの繰り返しになってしまう。[41]」

中学校や高等学校で試験範囲が決められて、その中から問題が出され、どれだけ覚えたかが試されるという教育のあり方は、まさにこれですね。答えを教えるか、答えを見つける方法を教えることばかりになっていないでしょうか。思考力が付いていないと言われれば、思考力を問う問題の解き方を教えるというのも同じことだと思います。教科書が変わるのだから、同じことは教えてないと言われるかもしれませんが、与えられた範囲の中だけで知識を得、思考・判断するということに変わりはありません。

（41）『階【きざはし】』No.20　帝国書院　二〇一二　p.3。

「川口：学校の先生にはもっと違う才能、芸術的なセンスが求められます。芸術的なセンスとは、教科書に書いてあること以外を探す努力のことです。そのセンスがなければ、人を育成することはできないんじゃないでしょうか。芸術的センスを持っていないと、子どもたちにあれこれ言っても通じないでしょうねえ。(42)」

教科書を教えることに汲々としていませんか。「教科書さえ読めない子どもがいるのに。」と言われるかもしれませんが、教科書は、本当にエッセンスだけを取り上げた本ですから結構難しいのです。補助的な資料を通して興味をもたせれば、教科書も読めるようになるのです。同じ冊子に、元灘校の名物国語教師橋本武先生の記事が載っていました。橋本先生は、中勘助の『銀の匙』を中学三年間かけて読むという授業をしていた国語教師です。『銀の匙』を読むだけならすぐに終わってしまいます。そうではなくて、『銀の匙』に出てくる生徒が引っかかった言葉を手がかりに横道にそれて学習の幅を広げるのだそうです。生徒は、興味に沿っていろいろ調べ、結果的に古文まで読めるようになるというのです。こんな授業はなかなかできないと思いますが、子どもの興味関心に寄り添った授業をするというのが基本ということでしょう。話をインタビュー記事に戻します。こんなインタビュー部分もありました。

「池上：ただ、日本の学校では、みんなと同じことをやりなさいと言われてしまう。

川口：それが問題ですよねぇ。生徒はおびえていますよ。人と違うことをやっていると、仲間はずれにされるんじゃないかって。

池上：そこからみんな空気を読み始めて……。（中略）

川口：……どうしてこういう言葉がはびこってしまったのか。全体主義は空気を読むことから始まるんです。個人主義と対極にある。変えなきゃいけないかなと思いますね。(43)」

空気が読めない人を揶揄してＫＹ（ケーワイ）という言葉が流行しましたが、同調を強制する圧力になったのは確かだと思います。新聞にも「空気を読まない人、変な

(42) 同前書、p.4。
(43) 同前書、p.7。

人こそ必要」という記事が載ったことがあります。その記事にはこんなことが書いてありました。

「……米マサチューセッツ工科大（ＭＩＴ）メディアラボの伊藤穰一所長は『インターネットが登場した後のルールなき時代に、秩序を好む日本人は弱い』と指摘。『日本の教育制度は子供の創造性を殺している。（個性の強い）〝変な人〟の価値を認める文化が必要』と強調した。(44)」

秩序は大切だと思いますが、同調圧力の強い日本の教育のあり方は、創造性を殺すという構造的暴力になっているということだと思います。

同調圧力ということで気になっている他の言葉があります。それは、「当たり前のことを当たり前にする」という言葉です。私も研修会などで県教育委員会の偉い人から何度も「当たり前のことを当たり前にしなさい。させなさい。」と言われました。まあ、この場合は、法令遵守だのコンプライアンスだのという難しい言葉で、公務員は法規を守りなさいということを指導するより、当たり前のことを当たり前にしなさいという方がわかり易いと思われたのかもしれません。

しかし、この「当たり前のことを当たり前にしなさい。」という言葉を教師が、子どもたちに対して使うようになりました。こうなると、ちょっと待てよ、という気持ちになります。子どもたちにとって「当たり前のこと」とは何でしょう。廊下の右側を歩くことは当たり前でしょうか。笑顔で挨拶をすることは当たり前でしょうか。掃除を時間いっぱいすることは当たり前でしょうか。大きな声で返事をすることは当たり前でしょうか。履物をそろえることは当たり前でしょうか。授業が終わったら「ありがとうございました」と言うのは当たり前でしょうか。……なぜ廊下の右側を歩いた方がいいのかを考えさせるのが教育でしょう。ここでは、そうした方が安全だという結論になると思いますが、外国に行けば違うかもしれないということもわかるでしょう。そういう思考をさせないで、当たり前のことだからしなさい、ということになると、その「当たり前」を決めるのはだれなのかという問題が発生します。教師が、恣意的に決めることになるのではないでしょうか。ということは、先生の言うことは黙って聞きなさいという教育をしているということになります。教師に同調させる圧

(44)『中国新聞』二〇一三・四・一七。

力だと思います。考えない子どもを育てる構造的暴力だと思います。

日本教育の同調圧力という特徴は、文部科学省の言うことを確実に末端の学校にまで聞かせるという中央集権的な構造から生まれてきていると思います。これを徹底しようとすると、どんどん決まりを作ることになります。学校では校則や生徒指導規程なるものがどんどん細かくなって、それに比例して息苦しくなってきます。

分子生物学者の福岡伸一先生がこんなことを言っています。

「脳というのは命令を上意下達で下しているのではなくて、抹消から届いた情報を他の場所に伝える電話局みたいなことをしているんです。下からの情報がなければ、何もできないわけですし、脳を中継しないでローカルで決められていることもたくさんあります。(45)」

脳が全てを決めて支持通りに全身を動かすなんてことは、うまくいくはずがないのです。

(45) 『階【きざはし】』No.21 帝国書院 二〇一三 p.6。

Ⅲ　平和教育と社会科

PEACE NOTE 70 No. 58

社会科の誕生

人には、忘れていいことと忘れてはならないことがあります。阪神・淡路大震災や東日本大震災の記憶は、災害の事実とともに反省や教訓や生き延びた人々の生き様を含めて忘れてはならないことだと思います。

ところで、みなさんは社会科という教科がどのように生まれてきたかご存じでしょうか。

もし、ご存じでないとしたら、忘れてはならないことが忘れられようとしているのではないかと危惧せざるを得ません。

現在、社会科はその学習内容から三・四年生は地域学習、五年生は産業学習、六年生は歴史・公民学習と呼ばれることがあります。中学校では、地理的分野、歴史的分野、公民的分野に区分されています。戦前・戦中はどうだったかといいますと、公民、歴史、地理でした。現在と戦前・戦中を比較し、現在の小学校の地域学習や産業学習、中学校の地理的分野が戦前・戦中の地理に対応し、小学校の歴史学習と中学校の歴史的分野が戦前・戦中の歴史に対応し、小学校の公民学習と中学校の公民分野が戦前・戦中の公民にそれぞれ対応すると考えると内容的に変わっていない印象があります。では、何故、公民、歴史、地理ではなく社会科なのでしょう。

戦後、最初にできた『学習指導要領　一般編（試案）』（いわゆる、昭和二二年版学習指導要領）には、社会科の新設についてこのように書かれています。

「ここに見られる教科で、これまでと違っているのは、

1　従来の修身・公民・地理・歴史がなくなって、新しく社会科が設けられたこと。

2　家庭科が、新しい名前とともに、内容を異にして加えられていること。

3　自由研究の時間が設けられたこと。

などである。

この社会科は、従来の修身・公民・地理・歴史をただ一括して社会科という名をつけたというのではない。社会科は、今日のわが国民の生活から見て、社会生活についての良識と性格とを養うことが極めて必要であるので、そういうことを目的として、新たに設けられたのである。ただ、この目的を達するには、これまでの修身・公民・地理・歴史などの教科の内容を融合して、一体として学ばれなくてはならないので……それらの教科に代わって、社会科が設けられたわけである[1]。」

社会生活についての良識と性格を養うためには、修身・公民・地理・歴史をそれぞれ別々に学習したのでは目的が達成されず、目的を達成するためにそれらを融合して一体として学ぶ社会科を新設したというのです。ですから、公民・地理・歴史の総称として社会科があるのではないのです。

さらに、一般編の後出された『学習指導要領　社会科編（試案）』にこのように書かれています。

（1）文部省『学習指導要領　一般編』日本書籍　一九四七　pp.12～13。

「社会科はいわゆる学問の体系によらず、青少年の現実生活の問題を中心として、青少年の社会的経験を広め、また、深めようとするものである。したがってそれは、従来の教科の寄せ集めや総合ではない。それゆえに、いままでの修身・公民・地理・歴史の教授のすがたは、もはや社会科の中には見られなくなるのである。(2)」

ここでは、社会科は、政治学・地理学・歴史学などの学問をその体系に従って教えるのではなく、児童・生徒の生活に直結した社会的な問題を経験的に総合的に考えさせる教科だというのです。いわゆる、経験主義の立場を明確に打ち出しているのです。

では、何故、学問の体系に従って教授することをやめ、経験主義的な指導法をとる社会科を新設したのでしょう。

同じく昭和二二年版学習指導要領社会科編には、このような説明がされています。

「従来のわが国の教育、特に修身や歴史、地理などの教授において見られた大きな欠点は、事実やまた事実と事実とのつながりなどを、正しくとらえようとする青少年自身の考え方あるいは考える力を尊重せず、他人の見解をそのままに受けとらせようとしたことである。これはいま、十分に反省されなくてはならない。もちろん、それは教育界だけのことではなく、わが国で社会一般に通じて行われていたことであって、そのわざわいの結果は、今回の戦争となって現れたといってもさしつかえないであろう。(3)」

戦前・戦中において、学校教育に限らず一般的にそれぞれの考えを尊重せず、国や軍隊の考えをそのまま受けとらせようとする教育や政治が行われ、戦争という結果になってしまったのだと反省しているのです。教育においては、学問の体系に従って、とにかくこれが正しいことだから、そのように理解し記憶しなさいという、知識注入型の考えさせない教育が戦争の原因だとまで言っているのです。その反省の上に、だから教授型の教育から経験主義的な教育に転換し、社会の問題を自主的自立的に思

（2） 文部省『学習指導要領　社会科編（一）』東京書籍　一九四七　p.3。
（3） 同前書 p.2。

考・判断する能力を育成しなければならないとしているのです。ですから、社会科は平和のための教育、わが国が二度と戦争をすることがないようにするための教育を実現するために昭和二二年に新設された教科なのです。そして、この社会科のスタイルを全教科に広げようとしていたのです。

戦前・戦中にも児童・生徒の心を捉え、学習内容を効率的に的確に指導できる優れた教師はたくさんいたと思います。しかし、その優れた指導力で自らも教え子も戦争加担者、戦争協力者として育ち、育てたということになっていたのだと思います。ですから、教師は、優れた指導ができるというだけでは足りないのです。優れた指導力とともに「平和のため」という信念がなければならないと思うのです。

例えば歴史学習で、この時代にはこんなことがありました、その時代の人々の生活はこうでした、それはこの資料でわかります、というような教授型の授業は、歴史科ではあっても、社会科ではないのです。教科書を教える授業をしていたのでは、平和的教育ではないのです。

私は、昭和二二年版学習指導要領の徹底した経験主義だけが平和に繋がる教育だとは限らないと思います。この学習指導要領自体がその不完全さを認めていますし、その作成にはアメリカ太平洋陸軍総司令部に設置されたＣＩＥ（民間情報教育局）の教育課が監督として関わっており、小学校社会科はバージニアプラン[4]の翻訳に近いものになっているため、日本の実状にそぐわない部分もあると考えられます。その後、経験主義と系統主義の論争もありましたし、教育の内容や方法が変わっていくのは当然です。教育も成長・発展しなければならないと思います。

それでも、人には、忘れていいことと忘れてはならないことがあります。戦争の実態や反省や教訓は、七〇年の時が経っても、忘れてはならないことだと思います。日本の教育は、平和教育であり、平和的な教育でなければならないのです。

（４）アメリカのバージニア州教育委員会が、小・中学校の教育改善のために一九三四年に提案した教育課程。系統学習を排除し、経験を中核とするコアカリキュラムを提唱しました。日本の昭和二二年版学習指導要領は、バージニアプラン一九四三年版をもとに作られました。

PEACE NOTE70 No.59

（試案）は構造的暴力脱却の書

昭和二二年版学習指導要領に（試案）と書かれているのは、文部省（当時）がきちんとした指導要領を出すまでの試しの案だというふうに読めますが、そうではありません。深い思いが込められています。試案について、その「序論　一　なぜこの書はつくられたか」の中でこのように説明されています。

「これまでの教育では、その内容を中央がきめると、それをどんなところでも、どんな児童にも一様にあてはめて行こうとした。だからどうしてもいわゆる画一的になって、教育の実際の場での創意や工夫がなされる余地がなかった。このようなことは、教育の実際にいろいろな不合理をもたらし、教育の生気をそぐようなことになった。（中略）しかもそのようなやり方は、教育の現場で指導に当たる教師の立場を、機械的なものにしてしまって、自分の創造や工夫の力を失わせ、ために教育に生き生きとした動きを少なくするようなことになり、時には教師の考えを、あてがわれたことを型どおりにおしえておけばよい、といった気持ちにおとしいれ、ほんとうに生きた指導をしようとする心持を失わせるようなこともあったのである。（中略）

この書は、……これまでの教師用書のように、一つの動かすことのできない道をきめて、それを示そうとするような目的でつくられたものではない。新しく児童の要求と社会の要求とに応じて生まれた教育課程をどんなふうにして生かして行くかを教師自身が自分で研究して行く手びきとして書かれたものである。[(5)]」

なんだか、今現在の教育事情を批判しているように思えませんか。教育は教師が創意工夫して行うものだから、教師が自分で研究して教育課程を実践しなさい、そのための手びきなのだから、今までの教師用書のようにこの学習指導要領に書かれている

（5）文部省『学習指導要領　一般編』日本書籍　一九四七　pp.1～2。

通りに教えるのではありませんよ、それをはっきりするために（試案）とつけていますよ、というのです。

「中央が決めた通りに画一的な教育をすることによって、教師自身が創造や工夫の力を失う」と言う考え方で思い当たることはありませんか。そうです。イヴァン・イリイチの言う「制度依存による心理的不能化」そのものでしょう。まさに構造的暴力ですね。

昭和二二年版学習指導要領の考え方は、イリイチの言う「制度依存による心理的不能化」を脱却する試みであるように思います。

「戦前・戦中の教育は、中央の決めたことをそのまま画一的に教える暴力的な教育でした。そして、それが戦争の原因となったのです。だから、二度と戦争を起こさないために構造的暴力の教育から脱却しましょう。これからは上から『このように教えなさい』という教師用書は作りません。教師のみなさんは創意工夫するという能力を回復してください。でも、能力回復のために何らかの道しるべは必要でしょうからこの試案を作りました。みなさんは、これを参考に地域の実情や児童・生徒の実態に即して自ら創意工夫して授業を実施してください。」

というふうに解釈することができるのです。

昭和二二年版学習指導要領は、戦争の反省の上に書かれた平和教育のための書というだけでなく、構造的暴力を否定した平和的教育のための書なのです。

PEACE NOTE 70 No. 60

旧教育基本法も構造的暴力脱却の法

現在の学習指導要領の寄って立つ法規は、まずは学校教育法施行規則で、その根拠法は学校教育法で、その根拠法は教育基本法ということになっています。ところが、旧教育基本法（昭和二二年に成立した教育基本法を旧教育基本法と呼ぶことにします。）と昭和二二年版学習指導要領との関係は、必ずしも教育基本法の下に学校教育法があり、学校教育法の下に学習指導要領が存在するというものではなかったようです。昭和二二年版学習指導要領一般編（試案）の発行は、昭和二二年三月二〇日、旧教育基本法と学校教育法の公布は、同年三月三一日、昭和二二年版学習指導要領社会科編の発行は、同年五月五日、学校教育法施行規則が文部省令第一一号として出されたのが五月二三日なのです。教育基本法や学校教育法が発効する前に、学習指導要領一般編は既に発行されているのです。

教育関係法整備も六・三・三制による教育制度も教育組織づくりも指導の実施もほとんど同時進行だったことがわかります。また、教育はどんな混乱期でも待ったなしの最重要課題であり、想像を絶するスピードで教育改革が実施されたこともわかります。

旧教育基本法は、アメリカを中心とした占領教育政策の影響を色濃く受けながらも、戦後教育改革の中でも自主改革性が顕著であったと言われています。(6) 教育刷新委員会（教育基本法など教育の重要事項に関する内閣総理大臣の諮問機関）が作成した「教育基本法案要綱案」には、その前文の冒頭部分に、次のような一節がありました。

「教育は、真理の開明と人格の完成とを期して行わなければならない。従来、わが国の教育は、ややもすればこの自覚と反省とに欠けるところがあり、とくに真の科学的精神と宗教的情操とが軽んぜられ、徳育が形式に流れ、教育は自主性を失い、ついに軍国主義的又は極端な国家主義的傾向をとるに至った。この誤りを

（6） 鈴木英一編『教育基本法文献選集1』学陽書房　一九七七　p.10。

是正するためには、教育を根本的に刷新しなければならない。[7]」

昭和二二年版学習指導要領社会科編（試案）に書かれていた戦前・戦中の教育の欠点が戦争を導いたという痛烈な反省の文とよく似ていると思います。[8]教育基本法案要綱案のこの一節は、旧教育基本法の中には残りませんでしたが、戦後の教育は、戦争という直接的暴力の原因となった戦前・戦中の教育の構造的暴力性を根本的に否定するところから始めようという気概が伝わってきます。

旧教育基本法の条文を見ると、直接的暴力も構造的暴力も否定していることがわかります。

前文の「世界の平和」「平和を希求する人間」、第一条の「平和的国家および社会の形成者」のように「平和」という言葉が使われています。これは、直接的暴力である戦争を否定していることを意味しています。

また、前文で「民主的」、第一条で「個人の尊厳」、第二条で「自発的精神」、第八・九条で政治教育や宗教教育における特定価値注入の否定、第十条で「不当な支配に服することなく」というように、戦前・戦中の教育で行われていた軍国主義や極端な国家主義による構造的暴力を否定する内容になっています。

しかし、ここで一つの問題が生じます。

それは、軍国主義や極端な国家主義の制度に依存して、自ら考え判断する能力を失うという構造的暴力を否定するのはいいのですが、その代わりに平和主義や民主主義が入っただけでは、結局、平和主義、民主主義の注入になり、その制度に依存して、自ら考え判断する能力は回復できないことになるのではないかということです。平和主義や民主主義という価値観を法律で決めるということは、戦前と同じように国家が国民に価値観を強制するという新たな構造的暴力ができるだけということになりかねません。

旧教育基本法は、形式的には教育刷新委員会が主導的立場で作成したことになっていますが、実質の作成中心人物は田中耕太郎文部大臣（当時）でした。(9)

（7）文部科学省ホームページ『教育基本法資料室へようこそ！』「昭和二十二年教育基本法制定時の経緯等に関する資料」。
（8）No.52参照。
（9）田中二郎「教育基本法の成立事情」鈴木英一編『教育基本法文献選集1』学陽書房　一九七七　pp.268～269。

田中耕太郎は、「教育理念の法制化は法律政策上妥当を欠くという議論が十分の理由を持って成り立つのである。[10]」と言っています。法律で価値観について規定することの問題点をわかった上で立法化する理由をだいたい次のように述べています。

○ 憲法も同様の規定をしている。

○ 従来の教育法令は、国家主義的・極端な国家主義的教育の目的を明示していた。民主義的教育を進めるに当たって以前の間違いを廃止し、正しいものを明示する必要がある。

○ 終戦後、教育勅語に対する混乱があり、明瞭な形での教育目標の提示が必要であった。

平和や民主主義という言葉自体知らされていない国民に、新しい教育方針を知らせるために立法化するしかないだろうということです。教育勅語に依存しきっていて他の価値観を知らない国民に、教育の方向性を示し、全く違った方向での教育改革を進めるには上からの改革は致し方ないことだったのだと思います。

このように見てくると、旧教育基本法は直接的暴力を否定し、構造的暴力を脱却するための法だということがわかります。また、本当は、平和主義や民主主義という価値観を法制化すべきではないというように、政治や権力が教育に介入すべきではないという構造的暴力を徹底的に排除しようとする哲学が垣間見えるのです。

平成一八年一二月に公布・施行された新教育基本法には、「伝統文化の尊重」「愛国心と郷土愛」といった価値観を積極的に入れようと言う意図があったように思います。「日本の伝統文化を大切にし、郷土を愛し、国を愛することの何が問題なのか。」と言われそうですが、そのような価値観が良いとか大切だとか言う前に、価値観を法律の中に入れること自体の構造的暴力性について検討されたのかという疑問が残ります。このような改正が可能となれば、政権政党が変わる度に教育基本法が変えられ、教育の方向性が定まらないという可能性だって出てきます。教育は、できるだけ政治から離れ、教育のあるべき姿を追求すべきではないでしょうか。

(10) 田中耕太郎「新憲法と文化(教育政策)」鈴木英一編『教育基本法文献選集1』学陽書房　一九七七　p.97。

昭和二〇年代版学習指導要領作成者の考え

昭和二二年版学習指導要領の小学校社会科編はアメリカのバージニアプランに基づいて作られましたが、だからといって、日本の学習指導要領作成者に主体性がなかったかというとそうではありません。中等学校社会科は、アメリカのミズーリほか数州の「コース・オブ・スタディー」と文部省（当時）の作成した「公民教師用書」を土台として作られました。そして、昭和二二年版から二六年版にかけて独自性を出す努力がなされていました。

昭和二〇年代版（昭和二二年版と昭和二六年版）学習指導要領社会科編作成の中心的役割を担った勝田守一先生は、教育と平和について次のように述べています。

「私たちを敗戦後の焦土の中から立ちあがらせることができた倫理的支柱が何であったかを、顧みることは必要だ。侵略戦争に対する自責と、未来の戦争が人類と文化とを破滅へ導くであろうという現実的認識に支えられて、世界平和への道は、私たちの国民大衆の前途に希望の光を投げたのである。……平和のための教育は部分的な課題ではない。むしろ教育のすべてである。それは、個人の自由と日本民族の独立と人類の幸福をめざす教育のすべてである。[11]」

戦争の自責と次に戦争が起これば人類は破滅するという認識が私たちの世界平和への道の支えとなっていると考え、平和のための教育は、教育のすべてであるとまで言っているのです。

勝田守一先生は、文部省（当時）内に自主的におこった公民教育刷新委員会に参加し、その答申に基づいて「公民教師用書」の作成をＣＩＥ（民間情報教育局）と折衝しています。自主改革をできるだけしようとしてあらゆる手を尽くしていたことがわかります。

(11) 勝田守一『国民教育の課題』《勝田守一著作集2》国土社　一九七三　pp.87～95。

昭和二〇年代版学習指導要領社会科編初等教育担当だった上田薫先生は、日本に民主主義を打ち立てるための鍵は、自立性の確立であり、困難を克服してそれを成し遂げることが社会科の使命だと言っています。そして、社会科がどこのプランに基づいているとか似ているとかいうことではなく、社会科そのものの原理を確立することが重要で、アメリカの社会科理論そのものが満足のできるものではなかったと述べています(12)。真の民主主義は、相対的で動的なものと考え、それを模索する手段として経験主義社会科が作られ、その理論的完成が昭和二六年版学習指導要領だとしています。アメリカのプランは不十分で、真の民主主義にさらに近づくための教科として社会科を作るのだという使命感が伝わってきます。

昭和二〇年代版学習指導要領社会科編中等教育担当だった馬場四郎先生は、社会科教育について、民主的・平和的国家建設のための社会改造を目指す教科として社会科が成立したと述べています(13)。

このように、昭和二〇年代の学習指導要領作成者たちは、占領下にありながらも、自主的な教育改革を目指していました。系統主義的な教育を入れるか入れないかというような考え方の違いはありましたが、平和的な民主国家を建設するために社会科という教科を新設し、アメリカの教育プランより優れた教育プランを作ろうという方向性と熱意は共通していたのです。

社会科は、平和のための教科として生まれたのです。これは、忘れてはならないことだと思います。

(12) 上田薫『上田薫社会科教育著作集3巻─系統主義とのたたかい』明治図書 一九七八 pp.11～56。

(13) 馬場四郎「国民教育の課題」『岩波講座現代教育学12』岩波書店 一九六一 p.70。

PEACE NOTE70 No.62

占領軍と文部省の方向性は同じ？

昭和二二年版学習指導要領の中学校社会科編は、アメリカのミズーリ州他のプランと文部省の自主的委員会が作った公民教師用書を土台として作られたということは、前号でも書きましたが、この公民教師用書の公民科構想は、アメリカの担当者から高い評価を得ています。ＣＩＥ（民間情報教育局）のグリフィスが、「その構想はアメリカの社会科とほとんど同様の方向を辿っている。[14]」と言っているのです。

それまでの日本は、極端な国家主義、軍国主義の教育を教育勅語のもとで行ってきていたにもかかわらず、短期間にこんな大きな転換ができるものなのでしょうか。占領後、国家主義や軍国主義に関わることを禁止されてはいたものの教育勅語が未だ廃止されていない段階で、民主主義・平和主義の教育内容の教育構想を創り上げていたということは驚嘆に値することでしょう。

では何故、戦後の混乱の中、ＣＩＥの影響を受ける前にアメリカの構想と同様の方向性をもつ公民科構想を作ることができたのでしょうか。

公民教師用書の作成に深く関わった勝田守一先生は、文部省内の自主的委員会である公民教育刷新委員会の答申の内容は、大正から昭和初期にかけて追求されていた社会科[15]の抽象的な表現による要約と言ってもいいと述べています[16]。

大正から昭和初期にかけて追求された社会科というのは、大正新教育運動のことを指しています。すなわち、公民科構想の源は、大正新教育運動にあったということになります。日本の大正新教育運動は、世界の新教育運動に繋がっていました。

新教育運動は、第一次世界大戦の後、ヨーロッパを中心に世界に広がった児童中心主義・経験主義の教育運動です。世界大戦という悲劇の経験から民主的な教育が重要だという思いが共有され、様々な理論と実践が広がりました。ユング、モンテッソー

(14) 勝田守一「戦後における社会科の出発」『岩波講座現代教育学12』岩波書店　一九六一　p.53。
(15) 梅根悟「戦前における社会科」『岩波講座現代教育学12』岩波書店　一九六一　pp.2～29参照。
(16) 勝田守一　前掲書 pp.39～53。

り、ピアジェ、デューイ、フロイトなど、著名な教育者や学者が参加しました。日本からも、小原國芳や羽仁もと子らが参加しています。新教育運動の理想を実現するため、小原國芳は「全人教育」を掲げて玉川学園を創設し、羽仁もと子は「生活即教育」の教育理念のもと自由学園を創設しました。

日本の新教育運動は、治安維持法の成立とともに弾圧され衰退していきますが、短期間ではあっても教育界に大きな影響を与え、私立学校や師範学校の付属学校で実践されたのです。世界の新教育思想の中でも日本の新教育運動に大きな影響を与えたのが、アメリカのジョン・デューイでした。公民教師用書の内容は、軍国主義が蓋をして鍵をかけていた新教育という箱を敗戦を機に再び開け、取り出し、要約して甦らせたものだったのです。

一方、アメリカの新教育運動にも大きな影響を与えていたのもデューイでした。デューイの教育思想は、アメリカ民主主義の原理に立った、経験主義的な児童中心主義でした。この教育思想を受け、経験主義を徹底した教育計画がバージニアプランやミズーリプランだったのです。そして、新教育運動の中から生まれたこれらの経験主義的な教育計画が戦後日本の教育改革のモデルとして示されたのです。また、ＣＩＥ

教育担当者が日本の戦後新教育の初期モデル校として推奨したのが、小原國芳の玉川学園と羽仁もと子の自由学園でした[17]。

このように日本の文部省内の公民教育刷新委員会が作った公民教師用書の源流もGHQ・CIEが示したアメリカの教育プランの源流も共にデューイの教育思想に影響を受けた新教育運動にあったことがわかります。これが戦後の混乱の中にもかかわらず、CIEの影響を受ける前にアメリカの構想と同様の方向性をもつ公民科構想を作ることができた理由なのです。

ところで、第一次世界大戦後の新教育運動は、一方的な情報を伝達する教授型の教育が戦争に利用されたことを受け、国の目的のための教育ではなく、人格の完成を目的とする教育をしようとしたと考えると平和教育だと言えると思います。このように平和的精神を涵養するための教育を「間接的平和教育」と呼ぶ分類の仕方があります。

これに対して、戦争と平和の問題を直接かつ意図的計画的に取り上げる教育を「直接的平和教育」と呼びます[18]。

(17) 海後宗臣編『教育改革』《戦後日本の教育改革第一巻》東京大学出版会　一九七五　pp.68～69。
(18) 藤井敏彦「平和教育」山田浩編『新訂平和学講義』勁草書房　一九八四　p.253。

昭和二二年版学習指導要領には、第六学年の「学習活動例」として「戦争の原因とその災害について知る。」が挙げられ、第一〇学年では「われわれは世界の他国民との正常な関係を再建し、これを維持するために、どのような努力をしたらよいか。」の中で戦争の実態を知り、その原因を追及し、平和のためにどのような努力がなされてきたかを知ることによって平和的な態度を育てるという活動例が示されています。また、昭和二六年版学習指導要領でも第六学年で「戦争はわたしたちにどのような不幸をもたらしたか。」「わたしたちは今後外国とどのようにつきあわなければならないか。」という問題が提示してあります。さらに、中学校第三学年では、「われわれは、どのようにして世界平和を守るか。」という単元が示され、高等学校においても歴史や人文地理の中に戦争を直接扱う内容が登場しています。

新教育の流れが間接的平和教育であったのに対して、昭和二二年及び昭和二六年版学習指導要領の内容は、直接的平和教育を含んだ内容になっていると言うことができます。

現在「平和教育」というと直接的平和教育を指すことが多いように思います。「原爆の実相を学ぶ」「沖縄戦を学ぶ」「東京大空襲を学ぶ」「近隣都市の空襲を学ぶ」「戦争体験を聞く」「戦時中の暮らしを調べる」「戦争加害について調べる」などは、直接的平和教育です。

このように見てくると、戦後教育改革によって生まれてきた教育の方向性は、直接的平和教育と間接的平和教育の両方を備えた教育になっていたと言うことができると思います。ただ問題だったのは、この教育改革が、アメリカを中心とした占領軍と日本の文部省による上からの改革であったということです。自分で考えることを停止され、ただ一つの道を強制的に歩かされていた多くの国民にとって、突然自分で考えて行動しなさいと言われることは、自由になると同時に道は消えて、五里霧中を歩かされることになったわけです。そこに示されたのが民主主義と平和主義だったのです。これでは、国家主義と軍国主義が民主主義と平和主義に置き換わっただけでお仕着せの民主主義、平和主義になる可能性があります。しかし、当時の状況の中では、田中耕太郎文部大臣が、教育理念を法制化することの矛盾を感じながら、民主化の指針として教育基本法を成立させようとしたように、「これからは民主主義・平和主義の教育なのだ」と強制する力が必要だったのかもしれません。

平和教育が成熟するためには、教育関係者が依存体質から脱却しながら、自ら直接的平和教育と間接的平和教育の両方を追及し続け、体得していくことが必要となったのです。

戦後平和教育は消えた？

ところが、戦後教育改革が現在まで直接繋がっているようには思えません。では、「平和教育そのものであった[19]」と言われた教育改革当初の教育が何故変化したのでしょうか。

変化の原因は、いわゆる「逆コース」にあります。この言葉は、読売新聞の連載記事で使われ始めたようですが、戦後の民主主義・平和主義から中央集権の再軍備政策への転換を意味しています。しかも、この政策を指示し、進めたのはアメリカでした。

一九四九年中華人民共和国が建国し、一九五〇年には朝鮮戦争が勃発、日本を民主化・非軍事化するための占領軍は、共産主義勢力に対抗する軍隊にその目的を変えま

(19) 藤井敏彦「平和教育」山田浩編『新訂平和学講義』勁草書房　一九八四　p.254。

す。GHQは、レッド・パージ、すなわち共産主義者とその同調者を公職や企業から追放する命令を出します。そして、朝鮮半島に軍隊を送るため、アメリカ軍に代わって日本国内の共産党員やその同調者を取り締まることを目的として、吉田首相に日本の再軍備を要請します。このことによって、現在の自衛隊の前身の警察予備隊が組織されます。一九五二年片面講和によって日本は、沖縄を置き去りにして独立します。そして、戦争責任者の公職追放が解除され、公職追放されていた戦争中、政治の中枢で活躍していた人々が戦後政治の舞台に帰ってくることになります。

こうして、日本は国の方向性を民主主義・平和主義から思想統制をする再軍備へと転換することになったのです。この方向転換は、それに反対する人々から「逆コース」と呼ばれるようになりました。

文部省関係でも、戦争中政治の中心にいた人たちが帰ってきました。文部大臣として復帰してきた大達茂雄は、戦時中の内務大臣でした。その次の文部大臣は、やはり戦時中の有力政治家、安藤正純です。

大達茂雄は、文部大臣になってすぐに学者中心だった文部省を「特高グループ」と呼ばれた旧内務官僚中心に換え、公立学校教師の政治活動を制限する「教育二法」を成立させ、教員の官僚化に成功します。そして、日教組が中心になって進めていた平和教育を徹底的に非難しました。大達茂雄は、このように言っています。

「教師の立場は國が國民の子弟に授ける教育、卽ち國家活動、つまり公務としての教育を擔當する公務員であり、役人である。校務を行ふには、公務としての限界を守るべきは當然であって、そこには個人としての自由が頭を出して來る餘地のないことは、行政擔當の公務員の場合と、なんら變わるところはない筈である[20]。」

教育は、国が国民の子弟に授ける国家活動であると言うのですから、昭和二〇年代版学習指導要領が目指した教師が主体的に授業を創り上げる教育とは全く違う方向になります。社会科についても、知識を系統的に与えるべきだとし[21]、経験主義・児童中心主義から大きく転換しようとしました。

(20) 大達茂雄伝記刊行会編『大達茂雄』大達茂雄伝記刊行会 一九五六 p.412。
(21) 第16回国会衆議院文部委員会所信表明 一九五三・六・二五。

安藤正純は、文部大臣になるといわゆる「教学局グループ」と呼ばれる戦時中の文部省教学局にいた人たちを文部省の重要ポストに就け、昭和三〇年版学習指導要領を作りました。教学局というのは、戦時中、国民を戦争に協力させるための精神的指導を担当していた部局です。昭和二〇年代版学習指導要領を作成した人たちが追い出され、戦時中の思想を背景にもった人たちによる方向転換が行われたのです。

PEACE NOTE 70 No.64

学習指導要領の転換

この方向転換によって学習指導要領には、どのような変化が起こったでしょうか。昭和二〇年代版学習指導要領と昭和三〇年代版学習指導要領を比較してみましょう。

まず、表紙が変わりました。昭和二六年版学習指導要領の表紙には、子どもたちと共にいるペスタロッチの絵がありましたが、昭和三〇年版では、姿を消しました。ペスタロッチは、子ども中心・生活中心主義の象徴で経験主義と繋がっていましたが、これが消えたことは、経験主義から系統主義への転換を意味しました。当時の文部省が出した「社会科の改善についての方策」では、社会科の基本的なねらいを正しく育てるとして、道徳の徳目を列挙し系統学習への移行を明確に打ち出しました。[22]

(22) 文部省『文部時報』第913号 一九五三 pp.31～34。

次に、学習指導要領（試案）の（試案）が消えました。（試案）は、前にも書きましたが、これからちゃんとしたものを出すから、それまでの仮の案ですというものではなく、教育課程は、それぞれの地方に合ったものを自分たちで作るべきものであり、それがそれぞれの地方の学習指導要領になるはずだから、この学習指導要領は道標としての案ですよというものだったのです。昭和二〇年代版学習指導要領は地方分権の教育を想定していたのですが、この想定が消え、これこそが、日本で唯一の確定した学習指導要領であることを示したのです。『文部広報』（一九五五・一二）は、「学習指導要領の基準性について」で「学習指導要領の基準によらない教育課程を編成し、これによる教育を実施することは違法である。」としました。そして、昭和三三年の改訂版から文部省告示として公示されるようになりました。このことは、教育の地方分権化から中央集権化への転換を意味しています。そして、教育の独立性、すなわち政治が教育に介入すべきではないという考えも消えてしまいました。

さらに、昭和二〇年代版学習指導要領は、児童中心主義でこれは個人の尊重を意味していました。昭和三〇年版学習指導要領社会科編では、「社会科は児童に社会生活を正しく理解させ、同時に社会の進展に貢献する態度や能力を身につけさせることを目的とする。すなわち、児童に社会生活を正しく深く理解させ、その中における自己の立場を自覚させることによって、彼らが自分たちの社会に正しく適応し、その社会を進歩向上させていくことができるようになることを目指しているのである。」となりました。個人の尊重から、社会に適応し、社会の役に立つ人間作りへの転換です。このことは、国家に奉仕する人間を育てる教育という意味では、戦前・戦中の国家主義が変わった形で帰ってきたとも考えることができます。

学者が中心となって、民主的・平和的な教育の理想を実現しようとした昭和二〇年代の教育の方向性は、短期間にいともたやすく崩れたのでした。行政的には中央集権で、教育方法は、価値・知識注入型という教育のあり方は、戦前・戦中と変わらないものに回帰してしまったようです。民主的・平和的という言葉は残ったものの、その言葉に魂が入っていないように思われます。公職追放から復帰した大達茂雄文部大臣が言ったように、教育は、国が国民に授けるもので、教師は、国が授ける教育を正確に児童・生徒に伝えることだという教育観の流れが今も脈々と流れているような気がしてなりません。このような国が授ける教育という教育環境では、教師の創造性は発揮できませんし児童の主体性も育てられません。それは、構造的暴力だと思います。

PEACE NOTE 70 No.65

昭和二〇年代教育方針が挫折した要因

林竹二先生が、『教育亡国』の中で「今の日本に教育はない。」と言ったのは、このこと、すなわち、国が授ける知識を教師は児童・生徒に伝達し、児童・生徒はそのまま鵜呑みにするという教育になってしまっていて、自分で自分をクリエイトする教育ができていないということだと思います。（No.41参照）

では、昭和二〇年代の国の教育方針が挫折した要因は何だったのでしょう。

まず、朝鮮戦争が象徴的に示すような東西対立の激化によるアメリカの占領政策の転換が挙げられます。民主的で軍備をもたない国作りから、強い指導力をもった指導者によるアメリカ寄りの軍備をもった国作りへの政策転換によっていわゆる「逆コース」の政策が行われたことです。

さらに、昭和二〇年代の教育方針は、直接的暴力も構造的暴力も無くそうとする平和教育の理想を掲げたものでしたが、大正新教育運動を経験した一部の学者や教育者には理解されたものの、「平和」という言葉さえ使ったことが無い多くの国民には、短期間に理解することはできなかったことが軌道に乗らなかった要因の一つと考えられます。国から授けられる教育を鵜呑みにし、それに依存していた国民や教師に、自ら教育課程を作り、創造的な教育をしなさいと言っても限界があったのではないでしょうか。民主主義・平和主義教育のために創設された社会科も、その実態を「這い回る社会科」と揶揄され、成果を認められませんでした。また、大正新教育の経験主義の流れを受けて新設された「自由研究」の時間には、教師は編み物をしていて、児童は校舎の裏で「遊びの研究」と称して遊び呆けていたというような体験談があるように、内実は理想とかけ離れ、五年で廃止されました。このように、極端な国家主義・軍国主義に思想統制されていた国民が、民主主義・平和主義に意識を転換するには、時間が必要だったと思われます。

しかし、最も大きな要因は、昭和二二年版学習指導要領社会科編に書かれていたような、戦争に対する反省が、政治の世界や国民全体の中で十分に行われなかったことにあるのではないでしょうか。

敗戦によって、多くの国民が「戦争はもう二度とごめんだ。」と考えていたことは確かだと思います。しかし、その敗戦の原因となると、「日本は、科学が進んでいなかったからだ。」とか「日本は、貧乏国だったのに背伸びをしすぎたのだ。」といった表面的な考えが大勢を占め、「だから、科学技術を発展させ、貿易で経済を立て直そう。」というような方向にしか議論が進まなかったのです。ですから、多くの国民は軍国主義から民主主義へスローガンが変わっただけで、「挙国一致・一億火の玉」という考え方は変わらなかったのです。そのため、戦時中「お国のために命を惜しむな。」と教えていたその教師が、戦後は「民主主義だ。平和主義だ。」と平気で教えるという例さえあったと言われています。

政治の世界でも、戦争責任の追及は行われず、独立と同時に戦時中の内務大臣が文部大臣として返り咲き、戦時中の教育に戻すということが堂々と行われているのです。内務大臣と言えば、当時の政治のナンバーツーです。国内政治の総元締めで警察もその一部です。特高警察は、思想統制をし、もの言わぬ国民を作る組織でした。戦時中の部下であった特高警察の幹部を文部省に入れ、昭和二〇年代の教育方針を元に戻そうとしたのです。戦争の反省が全く深められず、海外への武力進出がだめなら、これからは経済進出だという方向転換だけが進められました。

こうして今でも教科書を教える教育、覚えた知識を評価する教育、テストのための訓練教育が横行し、「平和的に生きる学力が付いているか」などという議論は、全くされていないというのが現状なのです。

PEACE NOTE70 No.66

「逆コース」の後

社会科がどのようにして生まれてきたか、そして、「忘れてはならないこと」とはどういうことか分かっていただけたでしょうか。ここまで戦後日本の教育改革について見てきましたが、昭和三〇年版学習指導要領から戦前・戦中のような教育に完全に逆戻りしてしまったのでしょうか。必ずしもそうではありません。平和的・民主的教育を進めよう努力している人々もいます。

昭和二〇年代学習指導要領（試案）が示した「教育計画を自分たちで作ろう」という呼びかけは、昭和三〇年代以降に続く、大きな、しかし分岐した流れを作りました。多くの民間教育団体が作られ、日本の教育を、そして社会科を語り、論争し、実践を公開し合うという熱い時代がしばらく続きました。経験主義を徹底的に追及しようとする団体や歴史学に則って系統的に指導すべきだとする団体や科学と教育を結び付けて科学的な社会認識を育てようとする団体などが、それぞれ情熱を注いで、それぞれの社会科を作ろうとしました。しかし、融合することはなかったように思います。

私が教職に就いた昭和五〇年代には、全教職員で組織する教育研究会の社会科部員は、国語部員に負けないくらい多かったと思います。小学校では、児童が生活している地域のことを、教師と児童が一緒に調べ教材化することができたり、見学や聞き取りという活動を通して見えていなかったことが見えるようになる喜びがあったりして社会科の人気は高かったのだと思います。

大学の教育研究者も民間教育団体の動きと連動した部分もあるとは思いますが、社会科教育の学会を立ち上げ、研究を進めてきました。社会科の授業を分析する理論的枠組みが作られ、授業改革の道を示してくれています。そして、それぞれの社会科教育学会が集まって、社会科という教科に限らず教師としての実践的指導力を育成する「社会科教育実践学」も提唱されています。[23]当然、研究者間でいろいろな論争があるとは思いますが、今どき、戦前・戦中のように偏った知識を注入すべきだという研究

(23) 溝上泰編著『社会科教育実践学の構築』明治図書　二〇〇四。

者がいるとは思えません。それぞれの教科の研究者はそれぞれに児童・生徒のその教科の目指す能力を最大限に伸ばすにはどうしたらよいかを考えています。そういう意味では、平和的な教育を目指す教育研究が一般的になってきているのは事実なのだと思います。このように、昭和三〇年以降も社会科教育実践者は戦前に逆もどりすることなく研究を続けていたのです。

しかし、国の教育政策をみると、教育基本法作成の中心となった田中耕太郎文部大臣（当時）のような、できるだけ国家権力から教育を離そうとする「教育の独立」という考え方は消え去り、政治的な圧力が次第に、そして確実に強くなってきています。今では、教育の責任の所在を明確にしなければならないという理由で、教育委員会の権限を弱め、行政機関の一部である教育長に教育の権限を集中しようとする動きさえ出ています。今までの教育委員会のあり方の反省もないまま、政治的圧力が教育に反映されやすい組織へ組み替えようとしているようです。政治的圧力によって教育が行われるということは、教育が制度依存を起こし、主体性を無くすということで、構造的暴力の強化と考えられます。また、道徳を教科にするということも進められています。教科にするということは、評価が必要になるということです。児童・生徒の道徳性を評価するには、大変な注意が必要です。一段と本音を言わぬ児童・生徒を育てることに繋がる可能性が高いと思います。

社会科の実践者や研究者の努力にもかかわらず、政治の力によって「社会」や「平和」という言葉が消えつつあるように思われます。「忘れてはならないこと」が忘れられようとしているように思われます。

大きな政治的圧力

昭和三三年版学習指導要領以降の国の教育政策を簡単に振り返ってみましょう。

昭和四三年版学習指導要領で初めて社会科の全体的な目標が示されました。それまでの社会科の目標は、いくつかの項目で示されていましたが、この時まとめられ、「社会生活についての正しい理解を深め、民主的な国家、社会の成員として必要な公民的資質の基礎を養う。」になりました。これで、社会科とは何かが明確になったように思われます。「社会生活についての正しい理解」というところが「社会認識」と捉えることができます。もう一つが「公民的資質の育成」です。

昭和三三年版及び昭和四三年版学習指導要領による系統主義の知識注入型指導の広がりによって、「覚えることばかりで面白くない」という反応が現れ「無気力・無関心」が問題視されるようになります。そこで、昭和五二年版学習指導要領では「ゆとりの充実」が謳われ、高等学校に「現代社会」が登場し、必修とされました。学習指導要領の法的拘束力についても次のような見解が示され、振り子が少し反対側に振れたかのように見えます。

「学習指導要領は、学校教育法の委任によって定められるもので法律を補充するものとして法的拘束力を有する。従って、学習指導要領に反する教育を行うことは許されないが、学習指導要領自体が地域の実情等に応じて弾力的な運用ができる内容を含んでいる。[24]」

この学習指導要領改訂で「君が代」が「国歌」と表記されるようになりました。

何と言っても大きな政治的圧力が加わったのが、次の平成元年版学習指導要領です。第三次中曽根内閣は、一九八六（昭和六一）年衆議院第三八回総選挙による自由民主党三百議席と臨時教育審議会を背景に官邸主導・政治主導の教育改革を断行しま

(24) 文部省初等中等教育局地方課編『教育委員会月報』一九七八　1月号。

した。この時の学習指導要領改訂で行われたのは、幼稚園・小学校・中学校・高等学校の一斉改訂、小学校一・二年生の社会科、理科の廃止と生活科の新設、高等学校社会科の地理歴史科と公民科への分割及び現代社会の必修はずし、世界史の必修化でした。特に高等学校社会科解体は「クーデタ同様の変更」と言われました[25]。社会科解体の始まりです。

一九八五（昭和六〇）年発足した教育課程審議会では、一九八七（昭和六二）年五月まで高等学校社会科は現状維持の方針だったのですが、一〇月二日、文部事務次官高石邦男（当時）が内閣総理大臣中曽根康弘（当時）に会ったところから急に流れが変わったというのです。中曽根首相は、高石事務次官に「歴史と地理は大切だ」という意向を伝え、高石事務次官はそれを引き受けるとともに、資金は自分で調達することを条件に中曽根派から衆議院議員選挙に出馬することになったと言われています。その後、社会科解体に消極的な人を人事異動させ、一部の人によって強引に結論づけた「地理・歴史科、公民科構成案」が一一月一三日に出されました。二年にわたる教育課程審議会の方向が、最後の一ヶ月で強引にひっくり返されたのです。そして、この強引なやり方に抗議した教育課程審議会の多くの委員が辞任しました。また、社会科教育学会も社会科の存続を申し入れましたが、学会の意見は取り入れられませんでした。そればかりか一九八八（昭和六三）年四月には学習指導要領作成協力委員が大幅に入れ替えられ、社会科教育学会の役員であった協力委員は全員解任されたのです。

その後、一一月に自民党の初等中等教育に関するプロジェクトチームから、①道徳教育の改善、②歴史上の人物名の明示、③国旗・国歌の取扱い、④地理歴史科及び公民科の新設、⑤歌唱共通教材の改善の要望が出され、こちらはすんなりと受け入れられました。

また、教科書問題を考える議員連盟から、①北方領土は「我が国の固有の領土である」と、明確に表記する、②「太平洋戦争」を「第二次世界大戦」と表現を適正化する、③神話・伝承について、古事記・日本書紀・風土記の中から適切なものを取り上げさせる、④神武天皇を歴史上の人物名に入れ、取り上げないなら卑弥呼も削る、⑤中学社会科の「日本国憲法の平和主義について理解を深め……」を「平和主義と自衛権」に変える、という要望が出され、①から③は受け入れられました。

反対する者は切り捨て、政権政党の一部の意見は受け入れるということが堂々と行

(25) 高山洋治「検証・文部省」岩波書店『世界』一九八九・11月号 p29。

われたのです。

中島源太郎文部大臣（在任期間：一九八七（昭和六二）年一一月六日〜一九八八（昭和六三）年一二月二七日）は、六年生の学習に入れられる歴史上の人物として、東郷平八郎はふさわしくないと最後まで抵抗したそうですが、内閣改造で引き継がれた西岡文部大臣（在任期間：一九八八（昭和六三）年一二月二七日〜一九八九（平成元）年八月一〇日）になって、やはり入れられることになりました。中島文部大臣の意向も受け入れられなかったのです。平成元年版学習指導要領は、中曽根、高石会談を契機としたクーデタ的方向転換後一年足らずで、三月一五日、西岡文部大臣の名で告示されました(26)。

ところが、その直後三月二八日に高石前文部事務次官がリクルート事件の収賄容疑で逮捕されました。この時の総理大臣竹下登も中曽根前首相も賄賂としての株を受けとっていたとされています。大物政治家は、秘書がやったこととして立件されませんでしたが、竹下内閣も総辞職に追い込まれました。

賄賂にまみれた人たちが、民主的な方法を無視して、職権を乱用し、偏った意見だけを取り入れて短期間でむりやり作り上げた平成元年版学習指導要領は、三月二七日移行措置告示が行われ、それとは別に「日の丸」掲揚・「君が代」斉唱の指導の徹底は、全面実施を待たず平成二年度から実施するとされました。

こうして作られた学習指導要領には、「入学式や始業式などには、その意義を踏まえ、国旗を掲揚するとともに、国歌を斉唱するよう指導するものとする。」とあり、西岡文部大臣は、「掲揚・斉唱を実施しなければ校長が職務命令を出す。命令に従わなければ処分もありうる。」と発言しました。こんなやり方で作られた学習指導要領でも、法的根拠があり、従わなければ処分するというのです。

また、この時教科書検定制度の改定が行われ、一回限りの検定となりました。それまでは、検定をする側と教科書執筆者との間でぎりぎりの攻防をしながら教科書が作られていたのですが、一回限りとなると最初から合格させてくれるであろうと予想できる範囲内での表現をしなければならなくなってしまいます。さらに、検定合格教科書に対する文部大臣の正誤訂正勧告権が与えられました。

一九八九（平成元）年八月一〇日の海部内閣誕生とともに文部大臣に就任したのは石橋一弥衆議院議員でした。石橋氏は、教科書問題を考える議員連盟の事務局長とし

（26）市川博「学習指導要領を書いたのは誰か」高山洋治「検証・文部省」岩波書店『世界』一九八九・11月号参照。

て、平成元年版学習指導要領に五項目の要望事項を提出した中心人物です。

日本の教育が、政治の渦の中でいかに翻弄されてきたかということがおわかりいただけたでしょうか。政治的圧力によって日本の教育が左右されるという方向性は、文部大臣が替わっても、総理大臣が替わっても、政権交代があっても大きく変わることはなく今日まで続いていると思います。子ども一人ひとりを大切にした、安定した教育ができないということは構造的暴力だと思います。

PEACE NOTE70 No.68

今、あなたの生き方が問われている

平成元年版学習指導要領公布の年、労働組合再編による日本労働組合総連合会（連合）の結成と連動して、これに合流するか否かで教職員組合が分裂しました。分裂した組合は、それぞれに政治的圧力に抗し、各校内で発言権を強めようとします。一方、平成一〇年には、広島県教育委員会が文部省（当時）の異例の是正指導を受け、徹底した組合の影響力の排除を行います。こうして、闘争の舞台が学校現場になるという状況になり、その後の数年の間に複数の校長の自死という不幸さえ起こしてしまったのです。これは、校長に対する組合と教育委員会の両方向からの個人的暴力です。

このような抗争の末に組合運動は弱体化し、政治的影響力が強くなった現在があります。

何年か前にK市の教育長が「卒業式の主役は、校長です。」と明確に言われました。だから、「卒業式」ではなくて「卒業証書授与式」なのです。だから、「対面型卒業式」などもってのほかなのです。校長が授ける証書だから希望など聞く必要はなく元号表記の生年月日なのです。児童の顔は見えなくても、校長の顔がしっかり見えればいいのです。

「授ける」を広辞苑で引くと「目上の者から目下の者に与える。取らす。」とあります。いわゆる「逆コース」最初の文部大臣だった大達茂雄が「国が国民の子弟に授ける教育」と言ったように、教育は国が授けるものという戦前の教育観が「逆コース」で復活し、現在まで脈々と生きていることがわかります。

「授ける教育」ですから、子どもたちは素直に受け取ることが要求されます。そのための道徳教育の強化であり、昭和三〇年代以降、決められた内容の教科書を一単位時間当たり二ページ、効率よく系統的に理解させ、「わかりましたか。」「はい。」という授業が基本的な授業となったのです。基本的にこのような教育を推し進めたのですから、PISAの学力テストで「思考力・判断力・表現力」が弱いという結果が出るのも当然だと思います。その結果を受けて、今度は「思考力・判断力・表現力の問題の通過率を上げるために訓練をしなさい。」というのでは、点数は上がっても、一人ひとりが自分の生活の質を高めるための思考力・判断力・表現力は付かないのではないでしょうか。

教育研究者や実践者が政治的圧力に抗して子どもの伸びようとする力を最大限に引き出す教育を進めているにもかかわらず、政治的圧力による教育は、決められた知識を授ける教育を推し進めているというのが現状です。現実社会を直視し、総合的に自分で考え判断するという社会科は高等学校と小学校低学年で無くなり、中学校でも社会科という名前は残っているものの内容的には無くなりました。残っているのは小学校の三・四・五・六年の四学年だけになってしまったのです。

だからこそ、今、教師であるあなたの生き方、考え方が問われているのです。国の授ける教育をそのまま受け入れる教育が、戦争を翼賛することに繋がったという反省を忘れて、あるいは知らず、教科書を上手に教える教師になるのか、それとも、教科書も一つの資料として分析し、自分の考えをもち、判断できるように子どもを育てる教師になるのかということです。そして、教師であるあなた自身が、教科書と指導書以外には、ほとんど本も読まないという閉ざされた生き方をするのか、アンテナを張り巡らせていろいろなジャンルの新しい知識を得る努力を不断にし、仲間と語り合って自分を変えていく開かれた生き方をするのかということです。答えは、当然後者でしょう。

津波の教訓は、津波を経験していない子どもにも伝えていかなければならないように、戦争の反省も決して忘れず、若い教師に伝えていかなければならないのです。

PEACE NOTE 70 No.69

今だからこそ平和的教育を

政治的圧力が強くなっているといっても萎縮する必要はまるでありません。なぜなら、戦争の反省をふまえて作られた憲法は、今もそのまま生き続けています。平成一八年に全面改定された教育基本法は、戦争の反省の部分が消え去ってしまいましたが、「教育の目的」には次のように書かれています。

（教育の目的）

第一条　教育は、人格の完成を目指し、平和で民主的な国家及び社会の形成者として必要な資質を備えた心身ともに健康な国民の育成を期して行われなければならない。

「人格の完成」「平和で民主的な国家、社会の形成者の育成」が目標となっているということは、今でも間接的平和教育と直接的平和教育が教育の目標となっていると読むことができます。

平成二〇年版小学校学習指導要領社会科の目標は、改訂された教育基本法に準じています。

「社会生活についての理解を図り、我が国の国土と歴史に対する理解と愛情を育て、国際社会に生きる平和で民主的な国家・社会の形成者として必要な公民的資質の基礎を養う。」

昭和四三年版学習指導要領の社会科の目標以来、社会科の目標は、「社会認識」と「公民的資質」で変わっていませんが、どのような公民的資質を養うのかが問題となります。平和で民主的な国家・社会の形成者に必要な資質とは、社会科が誕生したときに目指された自主的・自立的に思考し判断する能力ということになると思います。これは、まさに間接的平和教育そのものです。

平成二〇年版学習指導要領の「指導計画の作成等に当たって配慮すべき事項」には、「思考力、判断力、表現力をはぐくむ」「体験的活動、問題解決的学習の重視」「児童の興味・関心を生かし、自主的、自発的な学習が促されるよう」「自らの将来について考えたりする機会を設ける」[27]といった言葉が並んでいます。平和的な教育を推進するよう求めているように読むことができます。

いわゆる「逆コース」の時代やクーデタ的政治介入をくぐり抜け、文部省、文部科学省の中にも平和的な教育を維持し続ける流れは生き続けているのだと思います。学習指導要領作成に関わってこられた研究者のみなさんの努力により生き続けているのかもしれません。また、情報氾濫社会になって、単一の価値観を押しつけることが不可能になり、自ら判断し、責任をもたざるを得ない社会になりつつあるから学習指導要領にもこのような記述が入ってきたのかもしれません。

平成一〇年版学習指導要領から新設された「総合的な学習の時間」は戦後教育改革で新設された「自由研究」の時間を髣髴させます。日本社会に民主主義が根を下ろし、ようやく「総合的な学習の時間」が可能になったのかもしれません。社会科がやろう

(27) 文部科学省『小学校学習指導要領』平成二〇年三月告示 東京書籍 二〇〇八 p16。

としていた総合的に考え判断する能力を育てる教育は、「総合的な学習の時間」に移されたような感じがします。

しかし、総合的な学習の時間も、成果の上がっている学校といわゆる「這い回る総合」になっている学校との格差が問題となっています。この一〇年で早速、週一時間分が「外国語活動」になってしまいました。

社会科や総合的な学習の時間を大切にし、他の教科も含めて、子どもたちが自主的・自立的に思考・判断し表現する授業を展開しなければなりません。日本国憲法や教育基本法、学習指導要領のもとで平和的な教育を進めることは可能なのです。

PEACE NOTE 70 No.70

これだけは押さえておこう

社会科の授業を見たことがない若い先生が多くなっているのを実感しています。まして や、社会科の授業公開をしたという先生は少ないでしょう。当然、指導案もほとんど書いたことがないのではないでしょうか。研究教科を社会科にしている学校が少ないのですから当然といえば当然ですが、このままだと平和と民主主義の実現を目指した社会科が本当に消えてしまいそうです。恐ろしい時代の始まりになるのではないかと心配です。

そんなことにならないように、社会科にも、もう少し目を向けてみてください。そして、社会科だけでなく、全ての教科・領域で、知識を教え込むのではなく、学習した知識について、どう感じたか、どう思ったか、自分はその知識をどう使うかということを問い、子どもたちに自主的、自立的、思考・判断・表現力を付けることを考えてもらいたいと思います。そのことが、子どもたちの潜在的能力を最大限に伸ばすことに繋がるからです。

「そんなことを言われても、この忙しさの中で社会科の自主教材を作ったり、社会科の研究をしたりするのは難しいよ。」と言われるかもしれません。そこで、私が最も重要だと思っているポイントだけをお伝えしたいと思います。このポイントさえ押さえて授業をすれば、歴史科や地理科ではなく、ある程度社会科の授業になります。

それは、「教師としての願いをもって授業をすること」です。

一つの単元を学習する前に、「この単元を通してどんな児童に育ってほしいのか。」という願いをもつことです。この願いのことを広島県安芸郡小学校教育研究所社会科部会では「学習課題」と呼んでいました。「学習課題」は、教師がもつものであって、児童が学習に取り組むときにもつ「学習問題」とは別ものです。また、学習後に到達すべき「単元の目標」とも違います。

この「学習課題」を意識した授業をすべきだという考えは、今から二〇年も前に安芸郡小学校教育研究所社会科部会をリードしていた向墓博先生によるものです。私は、この「願いをもって授業をする」ことの重要性について、平成七年には、第三二回広島県小学校社会科教育研究大会（安芸大会）で基調提案をしたり、平成八年には、第三四回全国小学校社会科研究協議会（石川大会）で提案をしたりしました。重要であることは間違いないと思っているのですが、安芸郡以外で「学習課題」を明記した指導案を見たことがありません。「学習課題」という用語が既存の概念と混ざって理解を得にくかったのか、あるいは「願い」をもって授業をすることの重要性を十分に理解してもらえなかったのか、と考えています。社会科に限らず、「願いをもった授業」は授業の基本だと思います。『新しい時代の教職入門』という教職入門書の中にも、授業をデザインすることについての記述の中で、教師の「願い」について書いてあったので紹介します。

「教師は、教科の学習や教材との出会いを通して、子どもにこういう人間に成長してほしいとか、こういう物事の考え方や感じ方を身につけさせたいという『願い』を持ちます。例えば、文学教材を通して物語を読み味わう楽しさを実感してほしいとか、理科の実験を通して仲間と協働して課題を追究することのよさに気づいてほしいといったものです。このように、授業は教師の教育的価値観を実現する中核となる営みでもあります。しかし、『願い』は教師からの一方向的なものではありません。子どもも一人ひとりが願いや欲求をもって授業に参加しています。教師は、子どもなりの願いを見出し、教師自らの願いとすりあわせながら授業をデザインします。また、『願い』は教科や単元の目標やねらいとは別のものです。……『願い』は教師としての授業の中で大切にしたいと考えている物事や子どもの成長に対する期待です。[28]」

みなさんは、「願い」をもって授業をしていますか。「願い」をもって授業をするのと、意識しないで授業をするのとでは、子どもたちの反応も集中力も全く違ったものになります。「願い、願いと言うけれど、どんな願いでもいいのか。」「単元の目標を全員がクリアしますようにというような願いでもいいのか。」というご意見もあるかもしれませんが、そういうものではありません。社会科の授業には、やはり社会科ならではの「願い」があるはずです。
第三四回全国小学校社会科研究協議会（石川大会）の提案資料には、このように書いています。

「教師は、「生命の尊重」「環境保護」「平和」「人間の真実」など、社会科の学習を進める上でゆずることのできない基本的な「人間の生き方」をそれぞれの単元において基底にもっておく必要がある。
①【生命の尊重】生命を尊重し、生きる喜びを知り、互いの幸せを願う生き方
②【環境保護】自然を愛し、自然を守り、美しいものに感動する生き方
③【平和】平和を愛し、話し合い、高め合い、問題を解決しようとする生き方
④【人間の真実】真実の生き方やすばらしい行為に素直に感動し、それをたたえる生き方

このような基本的な人間の生き方をふまえた上で、教材や児童に接したとき、何のためにこの単元を学習するのかという課題が生まれてくる。これを、私たちは

(28) 秋田喜代美・佐藤学編著『新しい時代の教職入門』有斐閣アルマ　二〇〇六　pp.26～27。

「学習課題」と呼ぶ。学習課題は、『この単元を通してどんな児童に育てたいのか。』『この単元は、何のために学習として仕組むのか。』など教師がもっておくべき指導上の課題と言うこともできる。教師が学習課題を明確にし、資料を作り、助言することによって、児童が自分や人間の生き方を問う授業展開を意識するようになると考える。[29]」

社会科の授業でもっておくべき願いは、右の四つの基本的な「人間の生き方」に関連した内容で、単元が対象としている社会事象や児童実態を考えた時、教師の中に湧き上がってくる願いです。単元に入る前に、この願いが湧き上がってくると授業が楽しくなります。そして、この「願い」さえもっていれば、授業が大きく失敗することはありませんし、自信と余裕をもって子どもたちに対応することができます。

PEACE NOTE 70 No.71

平和研究における平和価値

私は、平和学に関する文献を読んでいる中で、私たちの教育実践の理論とのある共通性に気づきました。そして、私たちの目指し、実践している社会科は、やはり平和教育なんだなあと実感したのです。

ちょっと平和学で出会った平和研究についてお話しします。

平和研究の中に、世界秩序論というのがあります。世界秩序がどのようにして成立するかを研究する学問です。例えば、古代にはローマ帝国という強大な国がありまし

(29) 久保正彦・竹友義満『第34回全国小学校社会科研究協議会（石川大会）金沢市立泉野小学校6学年B分科会提案資料』テーマ「第6学年　学習課題を明らかにし、学習問題を意識して学習することによって人間の生き方を求める社会科学習―15年にわたる戦争の学習を通して―」一九九六・一〇・三一。

た。基本的には軍事力によって征服した帝国の中では秩序が保たれていたという意味でパクス・ロマーナ（ローマの平和）と呼ばれています。近代に入ると国家がそれぞれに主権をもち、自国の利益を最大限に追究しようとするようになります。この国益追求の均衡によって秩序が保たれるだろうと考えられていたのですが、その結果は、二度の世界大戦と主権国家の格差拡大という悲惨なものでした。このようなことが繰り返されないよう平和研究が始められるようになり、冷戦時代の核軍拡競争による危機感からさらに、どのような世界秩序が必要かという研究がすすめられるようになりました。そのような情況の中で設立された研究所の中にＩＷＯ「世界秩序研究所」(Institute for World Order）があります。[30]　ＩＷＯの中に東西戦争の危険を最小化する条件を究明するプロジェクトチームＷＯＭＰ（World Order Models Project）が世界中からあらゆる立場の第一級の平和研究者を集めて作られました。最初のメンバーは、メンドロヴィッツ（創始者）、フォーク（北米）、コタリ（インド・第三世界）、マズルイ（アフリカ・第三世界）、ガルトゥング（ノン・テリトリアル）、坂本義和（アジア・太平洋）、ラゴス（南米）です。ＷＯＭＰの基本的立場は、「過去の歴史上の『事実』に引照して現代をとらえるだけでなく、未来の歴史を描き、未来を引照することによって現在の『事実』を見るという視座が必要である。そして、未来はわれわれがそれをどう創るかにかかっているのだから、『科学的』認識だけでなく実践的な価値指向が不可欠だ。[31]」というものでした。つまり、今の世界がどういう情況かは先例が無いのだから過去の歴史ばかり参考にしてもわからない。未来がこうあるべきだから、今はそこに到達するためのこういう段階だという見方が必要だ。そして、こうあるべきだという価値を目指す方向性が欠かせない、というのです。

こうして、世界中で共通して求められる価値について、世界各地で討論会を開催し激論を闘わせました。こうして選ばれた価値が、①Peace（平和）、②Economic Well-Being（経済的福利）、③Social Justice（社会的正義）、④Ecological Balance（環境調和）の四つです。[32]

（30）岡本三夫「平和研究の展開」日本平和学会編集委員会編『平和学―理論と課題―講座平和学Ⅰ』早稲田大学出版部　一九八三　参照。
（31）坂本義和『人間と国家（下）ある政治学徒の回想』岩波新書、二〇一一・七、p.73。
（32）『Toward a Just World Order』Richrd Falk,Samuel Kim and Saul Mendlovitz eds.Boulder: Westview, 1982

この四つの価値を見て、何か思い当たることはありませんか。

さて、坂本義和先生によると、右の四つの価値に「人間としてのアイデンティティー」を加えるべきだと主張し受け入れられたとされていますが[33]、その後のWOMPの文献に出てきていないのでここでは入れません。しかし、大変重要な意味を含んだ提案です。第三世界の人々からすれば、飢餓からの脱出ということが最優先でありアイデンティティーになっているように、戦後日本人のナショナル・アイデンティティーは、いわゆる「核アレルギー」だというのです。近年、その「核アレルギー」というナショナル・アイデンティティーが消えそうで、恐ろしい思いがします。

社会科の価値と平和研究の価値

もうお気づきだと思います。

安芸郡小学校教育研究所社会科部会が提案している、教師の願いの基となる「人間の生き方」としての価値は、（1）生命の尊重（2）環境保護（3）平和（4）人間の真実です。

WOMPが世界中で討論を重ねて未来志向のために選んだ価値が、①Peace（平和）、②Economic Well-Being（経済的福利）、③Social Justice（社会的正義）、④Ecological Balance（環境調和）です。よく似ていますね。（1）生命の尊重が、WOMPの価値の中に無いのは、平和にも経済的福利にも社会的正義にも環境調和にも含まれるものの

（33）坂本義和『人間と国家（下）ある政治学徒の回想』岩波新書　二〇一一　p.78。

と考えられているからだと思います。しかし、小学生や中学生には、明示しておく必要があると思います。(4)人間の真実は、「真・善・美」といった人間の理想的な価値を想定しているのですが、かなり抽象的なので、限定的に捉え、社会的正義に置き換えるとして、あとは、社会科部会の方に「経済的福利」が足りないだけです。私は、経済も社会科に欠かせないものだと考えます。そこで教師の願いの基となる価値としてWOMPの四つの価値に「生命の尊重」を付け加えて①生命の尊重、②平和、③経済的福利、④社会的正義、⑤環境調和の五つにすべきだと考えます。

小学校においては、経済を基にした授業の「願い」は、考えにくいと言われるかもしれません。しかし、例えば、歴史に関する授業で児童の反応が「ひどい」とか「かわいそうだ」というような観念的な捉え方が多い時、経済的な視点で考えさせたいという願い(学習課題)が出てくる可能性はあります。

私は、源平の戦いの授業が平家物語の戦いの面白さに集中することに違和感を覚え、一一八〇年の石橋山の戦いから一一八五年の壇ノ浦の戦いまでの六年間に源平両軍に動員された兵力の資料をもとに、「何万人もの兵力が六年間も戦いができるようになったのはどうしてだろう」という学習問題で授業をしたことがあります。生産力の向上と地方豪族の台頭などに目を向けさせたいと考えての授業でした。このように経済的な視点からの授業も可能です。

③「平和」は、戦争や紛争の極小化を意味しています。狭い意味での平和です。広い意味での平和は、これら五つの平和的価値全てを含んだものです。

このように考えると、今でも社会科は、まさに平和教育そのものということになります。

みなさんが社会科の授業をする時、ただ一つ押さえておくポイントは、社会科的な「願い」をもって授業をすることです。その願いのベースにおいて考えるのが「生命の尊重」「平和」「経済福利」「社会正義」「環境調和」です。単元を概観して、児童の実態を見て、この五つの価値の内どれを中心に置こうかと考えれば、「願い」が出てきます。それを、単元を通してもち続け授業を展開していけばいいのです。

坂本義和先生は、第一四回国際平和研究学会が京都で行われた時、新聞社の主催した討論会で「今の日本で必要なのは、国家から自立した日本の市民社会をどう強めていくかということだ。[34]」と述べています。このことと、平和研究は、未来の歴史を引

(34)『朝日新聞』「模索続ける冷戦後の世界・方向見えぬ日本の役割」一九九二・八・一三。

照すべきというＷＯＭＰの考えを合わせて教育に当てはめるとこんなことが言えるのではないでしょうか。

「今日本に求められているのは、国家の枠を越えて地球規模で課題に取り組める人を育てる教育です。そのような教育をするためには、過去の知識を伝達するだけの教育では目的は達成されません。未来のあるべき歴史と照らし合わせて過去や現在を分析し、客観化することによって主体的方向性をつかむという未来指向型の教育が必要です。」

PEACE NOTE 70 №.73

生命の尊重について

教師の願いの基となる人間の生き方としての価値に、「生命の尊重」をどうしても入れたいわけを少し説明します。平和研究の視点で見ると、人間関係に目が行くことは当然だと思います。しかし、教育の視点で見ると、人間以外の生命の尊重も大切にされなければならないと思うのです。

ヒューマニズムという言葉は、人を大切にすることと受けとめることができ、すばらしいことだと受け入れられるのですが、人間中心主義と訳せば、人間さえ良ければいいのかという疑問も出てきます。人間の生命を尊重し、人間以外の生命も尊重するという価値観も教育には大変重要です。

このことは、担任していた学級の児童から教えてもらいました。

もう一五年も前になるでしょうか。五年生の公害に関する授業をした時でした。私は、公害の事例として、その時は水俣病を取り上げました。水俣に奇病が多く発生し、その原因がチッソ水俣工場の排水にあるのではないかと言われるようになったにもかかわらず、証明されないために救済が遅れたというところの授業でした。水俣病に関する年表を資料として読み取っていた時、チッソ水俣工場の排水が原因であるかどうか熊本大学医学部の原田正純先生がネコを使って実験をしたという内容を読んで、一人の児童が、「ネコがかわいそうだ。」と言ったのです。何人かの他の児童もそうだという表情を見せていました。私は、この授業の目的が、被害者側が原因を証明しなければならなかった理不尽さやチッソが自らの原因を否定し、地方自治体も本気で対応しなかったことによって、被害が拡大し、長期化したことに目を向けさせることにあったので、「人の命が脅かされている時だから、仕方ないね。」というようなことを言って、その場面を過ごしたと思います。しかし、どういうわけか、この児童の発言が心に残りました。医学の世界では、新薬の開発のために多くの実験用マウスが犠牲になっていることも知っている大人の感覚からすれば、水俣病患者のためにネコが犠牲になることは仕方がない、で済まされるのかもしれません。でも、子どもの直感も大切だと思うのです。人間だけでなく動物の命も植物の命も大切なんだという感覚を忘れず大人になってもらいたいと、後になって考えるようになったのです。その時はネコがかわいそうだと児童が反応するなど念頭になかったので、冷たいあしらいをしてしまったような気がします。仕方がないにしても、もう少し違った言葉をかけてやりたかったと思います。

平和学では、人間関係の問題を扱い、生命の尊重というと人間の命が中心になるような気がします。人間以外の生命の尊重は、「環境」の課題になるのかもしれません。しかし、その場合も、人間にとっての環境という意味が強くなるような気がします。

そのようなわけで、社会科の基礎に置く価値として、平和の四つの要素に「生命の尊重」を付け加えたいと思うのです。

大人は、人間中心主義や資本主義あるいは功利主義といった価値観に左右されていますが、子どもにはイヌやネコの命と人間の命が同等であったり、自分の生活している自然が掛け替えのないものであったりするのだと思います。そのような子どもの感性を簡単に否定しない指導をしたいものです。

このような感性を大切にした上で、その大切な命を子どもたち自身毎日食べていることにも気づかせる必要も出てきます。例えば、アイガモ農法のアイガモも役目を終えると食用になるという事実にも出会わせることもできます。自分たちが育てた動物を食べるというような経験ができれば命の大切さがさらに実感できるのでしょうが……。

PEACE NOTE70 No.74

願いで授業が変わる

具体的に「願い」（学習課題）について考えてみましょう。

五年生の食料生産の単元で、農業や水産業を扱うことを想定して「願い」について考えてみましょう。

児童の実態から「生命の尊重」に目を向けさせたいと考えたとします。そうすると、大切にしたいポイントが出てきます。そのポイントは、人間の生命維持のために必要不可欠な食料、その食料のほとんどは命あるものであること、健康に影響を与えない生産方法、食料自給率と食の安全などです。

「平和」に目を向けさせたいと考えたとします。その時のポイントは、食料の原産国、輸入食料品とその価格、食料生産人口の推移、食料自給率と安全保障などでしょうか。

「環境」に目を向けさせたいと考えたとします。その時のポイントは、品種改良、食料生産と農薬・肥料、遺伝子組換、水田や里山の役割、漁師が森を育てるなどが考えられます。

農業や水産業で学習する内容と児童の実態を照らし合わせて「自分の命は、多くの食料生産者の願いや安全確保のための仕組みによって支えられていることを考えてほしい。」という願いや「日本の人口の六〇％分に当たる食料を輸入に頼っているという現状から平和の大切さを考えてほしい。」という願いや「自分たち人間も食物連鎖の一部であることから、持続可能な食料生産と環境について考えてほしい。」というような願いが湧きあがってきます。

教師がこのような「願い」をもっていれば、教師の授業に対するモチベーションが上がりますし、授業で押さえておくべきポイントが明確になります。食料生産の単元で「生命の尊重」との関連で願いをもったとすれば、米の生産暦を見る時、「農薬をいつ、何回まいているだろうか。」「肥料には、何を使っているのだろうか。」というところを逃さないようにすることや児童から「合鴨農法をどうしてするのか。」「合鴨農法の合鴨はどうなるのだろう。」といった「学習問題」が出てくるように授業を仕組む必要も出てきます。

教師が考えさせたいと願っている内容に関わった問題を児童が出してくれると授業がやり易くなります。教科書を読んだだけではこのような「学習問題」はなかなか出てきませんから、それが出てくるような補助資料を提示することができれば最高です。教師の願いが児童に伝わり、児童自身の学習問題となり、学習課題と学習問題が共鳴すればすばらしい授業になること請け合いです。

そして、児童の中で違った意見が出て、論争になるといいですね。教師が考えている結論と違っていても大いに評価すべきです。教師の言いなりにならない子どもを育てたいのですから、理由付けをして自分なりの考えを表現できれば、教師の考えと違っていても大歓迎です。ただ、わけもなくわがままで意見を出すようでは評価できませんがね。子どもたちは、今からどんどん成長して、いろいろな情報と出会います。そうすると、今もっている考えも中学校や高等学校に行けば変わるかもしれませんし、社会人になって変わるかもしれません。私たちの仕事は、現在の価値観や結論を教えることではありません。将来にわたって、情報を自分で分析し、自分なりに考え、判断し、行動できるように育てることなのです。

教科書を読んで、わからない用語を説明するといった国語のような授業をしていたのでは、教師も子どもも面白くありません。極論すれば、教科書を担当学級の子どもの読解力に合わせて書き換え、読ませてもいいと思います。「願い」をもった授業をし、教師の意見とは違っていても、自分なりの考えをもった子どもを高く評価するという授業を続けさえすれば、社会科の授業になります。どんな「願い」をもつか訓練してみてください。できれば、自主教材を作ってみてください。

PEACE NOTE 70 No.75

夜空を見る余裕

みなさんは、夜空を見る余裕がありますか?

私は、中学生の頃から天文に関する興味が芽生え、以来、夜空を見るのが好きです。F小学校教諭時代には、学年でお月見会をしたり、星空教室を開いたりしました。教頭になってからは、学校の望遠鏡を出して時々先生方に望遠鏡を覗くよう勧めました。

A小学校は、東が海に面した学校です。日の出も月の出も海に光りが反射してとても綺麗です。ある時、満月に近い月が昇ってきたので理科室の望遠鏡を引っ張り出して月を見ました。そして、職員室で早く帰ろうとして脇目もふらず働いている職員に声をかけました。

「五分でいいからちょっと月を見においで。」

迷惑だったかもしれません。教頭が言うのだから仕方なしに見に来た職員もいたかもしれません。でも、望遠鏡で月を見て、みんな異口同音に「綺麗だ！」と感動を口にするのです。

それからしばらく経って、忘年会だったかよく覚えていないのですが、そのような場で、S先生が
「私は、教師を辞めることを本気で考えていたのですが、教頭先生が望遠鏡で月を見せてくれた時、悩んでいることが小さく思えてきて、辞めることを止まることができました。」

と話してくれました。私は、S先生が、そんなに悩んでいるということに気付かなかった自分のふがいなさを反省すると同時に、望遠鏡を覗くように誘うのも悪くないなと思ったのです。

何かに集中することは大切ですが、周りが見えなくなってしまい、ついには自分さえも見えなくなってしまうことがあります。そんな時は、自分を対象化（reflection）する必要があります。自分を客観的に見ると言ってもいいかもしれません。脳は、頭

蓋骨という閉ざされた場所にあります。頭の中だけで考えていると、堂々巡りをしたり、暗い方に落ち込んだりしてしまいます。ですから、いろいろな刺激が必要になるのです。夜空を肉眼で見たり、望遠鏡で月や惑星を見たりするのもいい刺激です。人は、月を見て美しいと感じる時、同時に美しいと感じる自分を確認しているのです。

S先生も、望遠鏡で月を見た時、綺麗だなと思うと同時に、綺麗だと感じる自分の存在にも気づき、狭い範囲で考えていた自分を客観的に見ることができたのではないでしょうか。

別の学校の、ある日の朝会で星座に関するギリシャ神話を紹介しました。オリオンとアルテミスの話だったと思います。朝会が終わった後、ある先生が「あんな残酷な話をしていいんですか？」と言ってきました。星座になった人物や動物は殺されて空に揚げられたということが多いので残酷な話になるのは当然といえば当然です。ギリシャ神話に限らず、グリム童話などの外国の昔話でも日本の昔話でも残酷な話は多いのです。昔は、死が身近にあったということだと思います。今は、死を遠ざけていきす。残酷な話を、ハッピーエンドな話に直したものさえあります。死を遠ざけることが、命を大切にすることに繋がるのでしょうか。私は、違うと思います。死を遠ざけることは、生をも遠ざけることになると思います。時には、昔話として怖い話を聞くのもいいのではないでしょうか。

どんなに忙しくても、ちょっと夜空を見てみてください。もう一人の自分が声をかけてくれるかもしれません。星座の話も読んでみてください。おどろおどろしい話も多いですが、人間の根源にある業のようなものが出ていて面白いですよ。

最近、実際に望遠鏡を使って子どもたちに月や星を見せる先生が少なくなっているような気がします。体験的学習が大切と言われていますが、教室に体験のできる環境を作ろうとしているでしょうか。体験を取り入れる機会を見つけようとしているでしょうか。

平和教育は、子どもの可能性を最大限に伸ばす教育です。国語や算数だけに力を入れるのではなく、自然や社会や芸術への関心をもてるチャンスを与えてほしいと思います。

あとがき

二一世紀に入り十有余年、東西冷戦の終焉から四半世紀が経ようとしている今日ですが、世界の紛争が減少傾向にあるとはとても言えそうにありません。イラクは安定せず、シリアとの関係で一段と混迷の様相を呈しています。イスラエルとパレスチナの関係もまた悪化傾向にあります。ウクライナ問題からアメリカ合衆国とロシアの関係も悪化してきています。中国と東南アジアの国々や日本との関係も領土問題でギクシャクしています。

一方、国内では、近隣の国が海洋進出をしてきているという危機感を煽って、集団的自衛権の行使容認という憲法解釈の変更を政府が行い、戦争ができる国になるのではないかという不安が国民に広がっています。「二〇世紀は、戦争の世紀だったが、二一世紀は平和の世紀に」という願いは儚い夢なのでしょうか。

いいえ、こういう時だからこそ広島・長崎の発言力が強くならなければならないのだと思います。元市立水俣病資料館館長、坂本直充さんの詩集『光り海』(35)の中に「夜明け」という詩があります。

夜明け

文明を欲望のかけらだけで組み立ててはならない
　＊
水俣は未来の方程式にならなければならない
　＊
現代文明という名の
乗り物は
あなた自身の影なのだ
　＊
人が海を忘れたとき
ふるさとは消える

＊

水俣に育った人間として
沈黙することは罪である
人間の愚かしさのために自ら悲劇を作りだしたことを伝えねば
また人間として今何をなすべきかを知らない人に

＊

水俣の意味は
民衆に背骨を入れること

「水俣」を「ヒロシマ」に置き換えて「海」を「原爆」に置き換えて読むこともできるのではないでしょうか。文明を欲望のかけらだけで組み立てたと言われても仕方ないのが「原爆」であり、「水俣病」などの公害であり、「原子力発電所」でもあるように思えます。人間は、同じような過ちを何度も繰り返さなければ骨身に染みてわか

（35） 坂本直充『光り海（坂本直充詩集）』藤原書店 二〇一三

らないのでしょうか。しかし、だからこそ、水俣同様、広島に育った人間も、世代を超えて、沈黙していてはならないのだと思うのです。坂本義和先生は、戦後日本人のナショナルアイデンティティーは「核アレルギー」だと言われましたが、アレルギー反応が最も強いのが広島人だと思います。広島人の核アレルギーアイデンティティーは、拡大遺伝すべきです。

平和のためには、世界秩序構築も核兵器廃絶も核拡散防止も軍縮も紛争解決も大切だと思います。しかし、それを行う、あるいは支える人を育てる平和教育は最優先で行わなければなりません。平和教育が過去のしがらみに塗れているのであれば、客観的で理性的な学問に依拠した「新しい平和教育」を今すぐにでも始めるべきです。

日本の教育は世界でも優れている方だと言われると嬉しくなってしまいます。しかし、それは本当でしょうか。この書を読んでいただけたみなさんにはおわかりだと思います。日本の教育は、政治の介入を大きく受けています。しかも大きく影響を与えた政治勢力は、戦前・戦中の権力者の教育観を受け継いでいるとしか思えない考え方で圧力をかけ続けています。とても民主的な教育政策とは言えない情況です。教育基本法に教育の目標として書かれている「平和で民主的な」という言葉が有名無実になっていると言わざるを得ません。これは構造的暴力でしょう。

柔道や野球の世界で、暴力的な指導法が問題とされました。しかし、このことはスポーツ系の指導法だけの問題ではないのです。日本の多くの教育や指導の世界で戦前・戦中の暴力的に鍛える指導法、根性を大切にする指導法が未だに生きていることによって引き起こされている問題なのです。教育界でも体罰問題が無くならないのは、ここに問題の根源があるのです。しかし、教育に携わる人、指導する人の多くが暴力的な指導法しか受けてこなかったので、それ以外の指導法を知らないのです。どのように指導したらいいかわからないのです。ですから、全ての教育を平和的教育によって行うべき時なのです。今こそ、教育改革を自らの手で行う時です。

私がこの書で紹介した平和学の理論は、ほとんどが二〇年以上も前に兵庫教育大学大学院に派遣された時に研究した内容です。その時、平和学に限らず、学問研究の成果と現実に行われている学校教育の間に大きなギャップがあると感じていました。そして、今もその思いは変わりません。平和学が学問として進歩発展しているにもかかわらず、平和教育は、ほとんど変化してない、というより衰退しつつあるように思われて仕方がないのです。戦争体験を忘れてはならない日本だからこそ、今の教育を平和的にし、平和教育をより新しく捉え直す必要があると思います。

学力低下が叫ばれ、危機感を煽る世論もありました。しかし、「学力」とはいったい何なのでしょう。ＰＩＳＡによる学力もよく考えられたものだと思いますが、それは、経済開発協力機構（ＯＥＣＤ）の必要とする学力です。私は、日本の学力は、平和に貢献できる力で判断すればいいと思います。平和は、暴力の否定あるいは最小化です。暴力は、可能性を制限したり、否定したりするところに存在します。ですから、自分や他の人々の可能性を最大限に発揮できるようにする学力を平和学力と考えれば良いのです。そして、問題を問題だと自覚し、情報を自分の手で収集し、分析し、自分で考え、少数であろうとその考えを表現し、意見交流する力が平和のために大切な学力です。国の指導者が言うことを鵜呑みにする教育が戦争の原因になったという反省を忘れてはなりません。依存せず、自力で考え生きる力が平和学力です。

「積極的平和主義」という言葉をよく耳にするようになりましたが、平和学では、戦争や紛争の否定を「消極的平和」、広く暴力の否定を「積極的平和」と呼んでいます。積極的平和主義の名の下に、日本を戦争ができる国にしたり、集団的自衛権の行使を容認したりするのは、暴力の肯定ですから論理矛盾です。何かをうやむやにしたり、良さそうな言葉ですり替えをしたりして国民を惑わすことはやめてほしいと思います。「抑止力」という言葉もよく耳にします。抑止力は、相互不信と相手に対する脅しを基に成り立つ理論です。相互不信を基本に置くのではなく、相互信頼の関係を作るにはどのように行動したら良いかをまず考えるべきではないでしょうか。

教育においても同じことが言えます。教師にとって都合の悪いことが起こらないように、前もって脅しをかけておくという生徒指導があります。「こんなことをしたら親を呼ぶからね。」とか「進学の推薦ができない。」などという指導は、抑止力の発想です。脅しを基本とした教育は平和的な教育ではありません。子どもを徹底的に理解しようとするところから生徒指導は始まるのではないでしょうか。国と国との関係においても相手を徹底的に理解しようとするところから始めてほしいものです。

私の提唱する新しい平和教育は、まさに積極的平和の考え方を取り入れた教育です。すなわち、あらゆる暴力を否定、あるいは最小限にするという考え方を教育に取り入れようということなのです。

ぜひ、多くの教育関係者にこの考え方を検討していただき、新しい平和教育を進めていただきたいと願っています。

この本を出版するにあたり、多くの方々の顔が脳裏に浮かんできました。

本書のもとになった教頭通信「ＰＥＡＣＥ　ＮＯＴＥ」を校内で配布することを許してくださった笹重壌治校長（当時）先生並びに宗近秀夫校長（現東広島市立三津小学校校長）先生、そして、当時読んでくれていた東広島市立吉川小学校教職員のみなさん。

私の社会科学への関心を覚醒させてくださった下関市立大学の堀内隆治先生（前下関市立大学学長）と親友三船昌明君。平和教育への道を示してくださり、今は書の指導をしてくださっている森下弘先生（前ワールドフレンドシップセンター理事長）、戦後教育政策研究の指導をしてくださった兵庫教育大学大学院の藤井徳行先生（現岐阜聖徳学園大学学長）。平和研究の指導をしてくださった岡本三夫先生（広島修道大学名誉教授）。

社会科教育の大先輩であり、常に先を歩いて導いてくださった安芸社会科（同好会代表向臺博先生（本書の中で先輩の話として出てくる事例のほとんどは向臺先生から聞いた話です。）と安芸社会科の仲間たち。

これら私の教育観や教育実践に多大の影響を与えてくださったみなさんに心から感

謝申しあげます。

また、出版についてご理解、ご助言をいただき、出版を現実のものとしてくださった溪水社の木村逸司社長とスタッフのみなさまにお礼申しあげます。

最後になりましたが、私の教師生活の全てを支え続けてくれた妻と子どもたちに「ありがとう」のことばを贈ります。

二〇一五年一月

久保　正彦

この書を、我が親友　故三船昌明・広子夫妻に捧ぐ

【著　者】

久保　正彦（くぼ　まさひこ）

1953年、広島県生まれ。1976年、下関市立大学経済学部卒業。1993年、兵庫教育大学大学院修士課程修了（広島県教育委員会より派遣）。1980年から2001年まで広島県安芸郡で教諭。2001年から2013年まで広島県安芸郡、呉市、東広島市で教頭。

共同執筆「平和教育研究―戦後学習指導要領に見られる平和教育観の検証―」社会科学研究会編『社会系諸科学の探究』法律文化社　2010

教頭先生の遺言

平和日本の教育のあり方

平成27年1月20日　発　行

著　者　久保　正彦

発行所　株式会社　溪水社

広島市中区小町1-4（〒730-0041）

電話 082-246-7909／FAX 082-246-7876

e-mail：info@keisui.co.jp

URL：www.keisui.co.jp

ISBN978-4-86327-278-1　C0037